BPM Para Todos

Uma Visão Geral
Abrangente, Objetiva e Esclarecedora sobre
Gerenciamento de Processos de Negócio | BPM

BPM Para Todos

Uma Visão Geral Abrangente, Objetiva e Esclarecedora
sobre Gerenciamento de Processos de Negócio | BPM

Gart Capote

1ª Edição
2012

Copyright © 2012 de Gart Capote

Dados Internacionais de Catalogação na Publicação (CIP)
Câmara Brasileira do Livro, SP, Brasil.

BPM Para Todos - Uma Visão Geral Abrangente, Objetiva e Esclarecedora sobre Gerenciamento de Processos de Negócio / Gart Capote de Britto. – 1. ed. – Rio de Janeiro : Gart Capote, 2012.

   Bibliografia.
   ISBN-13: 978-1470005412
   ISBN-10: 1470005417

1. Fluxo de Trabalho – Administração 2. Controle de Processos 3.Negócios – Planejamento 4.Organizações 5.Tecnologia de Informação I. Capote, Gart

CDD-658.4063

Índices para catálogo sistemático
1. BPM : Business Process Management : Administração de empresas 658.4063
2. Gerenciamento de Processos de Negócio : Administração de empresas 658.4063

Marcas Registradas

*Esta obra é dedicada aos
mentores, alunos e colegas encontrados nesta tão
desafiadora e divertida jornada.*

Conteúdo

9

Capítulo 5 - Perguntas e Respostas

Apresentação

Se você leu o meu primeiro livro, "Guia para Formação de Analistas de Processos", pode pular esta apresentação e começar sua leitura na página 19. Se você ainda não leu, pode começar a partir daqui mesmo.

Sou um profissional de tecnologia, mas ao mesmo tempo, estudioso e ligado à gestão por essência. Meu envolvimento com Gerenciamento de Processos de Negócio começou há não muito tempo atrás. Digo isso, pois, se considerar os diversos colegas de profissão que trabalham com processos desde a época de *O&M*, realmente, dizer que sou consultor há menos de uma década pode parecer pouco tempo em relação ao mercado. Adiante vou apresentar um pouco do meu histórico profissional, citando parte dos trabalhos realizados ainda neste século.

Devo começar dizendo que até o ano de 2002 já havia trabalhado no suporte aos diversos sistemas operacionais em Unix, já havia atuado como especialista em banco de dados, desenvolvimento de sistemas, e naquele ano (2002) estava envolvido em um grande projeto de integração de sistemas corporativos – conhecido atualmente com o EAI/ESB. Foi a partir deste ponto que tudo começou a mudar. Durante este grande projeto de integração de sistemas corporativos (EAI/ESB), com o envolvimento dos mais modernos sistemas de planejamento de recursos (ERP), sistemas de gerenciamento de relacionamento de Clientes (CRM), e diversos outros sistemas e

11

tecnologias legadas, nós tínhamos a necessidade de criar um ambiente único que garantisse toda essa comunicação heterogênea. Com a visão de um grande arquiteto de soluções, o Sr. Lucio Mattos, a equipe começou a desenvolver um produto conceitualmente revolucionário para a época. Estava sendo criado ali não apenas mais uma solução pontual para um problema da organização, mas um produto que hoje é utilizado amplamente no mundo inteiro.

Com a entrega deste projeto/produto, e em pouco tempo, novos desafios foram lançados para a equipe, até o ponto onde precisávamos representar os processos de negócio, que eram altamente mutáveis, dentro da camada de integração de sistemas das organizações. Como premissa, tudo deveria ser muito aderente ao negócio, ter fácil manutenção, possuir uma modelagem visual, rápida configuração, e com uma gestão bastante simples, quase intuitiva.

Como fazer isso tudo sem criar novos sistemas?

Foi neste ponto que entrou a aplicação dos conceitos de BPM e as tecnologias de desenho e execução de processos, e em 2003, nasceu essa relação que mantenho até hoje com tanta dedicação. Antes da vinda ao Brasil do empreendedor e estudioso de métodos de simulação e modelagem de processos, o germânico Kurt Wiener, confesso que tratava o assunto gerenciamento de processos com uso de ferramentas de TI, da mesma forma como compreendia as soluções de ERP.

Considerava apenas uma padronização e descrição comum de rotinas operacionais, e sua consequente execução sistêmica. Nosso professor e guru à época, o Sr. Kurt Wiener, não compartilhava dessa visão, e no dia a dia foi apresentando ao grupo os conhecimentos e habilidades necessárias para o gerenciamento de processos efetivo. No início eu ainda considerava o Gerenciamento de Processos de Negócio (BPM) apenas mais um conjunto monolítico disfarçado e bastante pesado de regras de negócio, processos operacionais e administrativos inseridos em uma grande ferramenta, e que toda mudança necessária seria tratada como uma longa e custosa jornada de customização.

Além de pouco atraente, também considerava a ideia como "mais do mesmo", apenas mais um acrônimo que duraria uns cinco anos. Modismo. TI por TI. Felizmente, após muito estudo, dedicação, diversos projetos, muitos erros, e também, muitos acertos, descobri que Eu estava completamente enganado!

Com o refinamento e evolução dos conceitos absortos, além do estudo continuado desde então, fui constatando e vendo cada vez mais que BPM procura tratar da melhoria da capacidade competitiva da organização, e não da aplicação de novas tecnologias disponíveis para um melhor controle. Queira você ou não, os processos existem e precisam ser melhorados constantemente.

Somente com o real entendimento, e com os devidos controles, poderemos ajudar uma organização a realizar sua missão com eficiência e eficácia. Mantendo este intróito no século atual, posso dizer que desde 2001 muitas ferramentas de execução de processos foram criadas, compradas, vendidas, evoluídas e descontinuadas. Muitas notações já foram utilizadas para representar os processos e atividades e muitas outras ainda serão criadas.

A cada semestre temos novas opções no campo da tecnologia de suporte à execução de processos de negócios, os chamados BPMS – *Business Process Management Suites/Systems*, mas em 2008 um importante entendimento se estabeleceu nas terras brasileiras:

O BPM trata e serve para melhorar a forma como os negócios das organizações são realizados e administrados.

Este foi o ano em que tive a honra de contatar e conhecer a ABPMP - Associação de Profissionais de Gerenciamento de Processos de Negócio – *Association of Business Process Management Professionals*.

No ano de 2008 tive a felicidade de encontrar, José Davi Furlan, Leandro Jesus, Mauricio Bitencourt e Sérgio Mylius, quatro novos companheiros dispostos a caminhar ao meu lado nessa longa jornada de divulgação de conhecimentos, formação, realização de estudos, contínuos trabalhos, e claro, reconhecimento do BPM como importante elemento da gestão moderna.

Assim, e ainda no ano de 2008, fundamos o Capítulo Brasileiro da ABPMP (www.abpmp.org), chamado ABPMP Brasil (www.abpmp-br.org). Desde sua fundação sou um orgulhoso voluntário que, com muito empenho e perseverança, preside esta vitoriosa associação. Tenho tido contato com pessoas extraordinárias, e totalmente apaixonadas e dedicadas ao que fazem. Esse é o grupo fundador e gestor da ABPMP Brasil, e com o trabalho de todos os seus membros, hoje a ABPMP Brasil é reconhecida como o maior *Chapter* de todos, além de ser referência internacional em atividade, resultados, qualidade e inovação.

A maior prova da mudança que a ABPMP Brasil trouxe para os profissionais de processos do nosso país é a adesão a sua certificação internacional profissional. Ainda em 2010 o comitê executivo da ABPMP Brasil fez a prova internacional de certificação, e após apuração de resultados e aprovação, recebemos os nossos títulos de CBPP – *Certified Business Process Professional* (Profissional de Processos Certificado).

15

Devidamente certificados, tornava-se realidade a nossa missão de trazer e implantar no Brasil um programa de certificação profissional acreditado internacionalmente e completamente independente de fabricantes de produtos ou outras organizações com fins lucrativos.

Desde março de 2010 lançamos o programa de certificação CBPP no Brasil, e já somos o país com segundo maior número de profissionais certificados... E caminhando para a liderança!

Essa é uma das grandes mudanças que a ABPMP Brasil também nos possibilitou tornar realidade. Estamos ajudando a mudar a cultura do país, que antes era tradicionalmente seguidor, para um país que começa a pensar e agir como líder e formador de opinião. E o mais gratificante; Essa é a visão que os *chapters* dos outros países têm sobre nós. Por esses e outros motivos, hoje tenho uma visão muito mais completa e holística do assunto. Acredito que vejo sua utilização e seu impacto como um todo, não mais como um produto, uma iniciativa ou resposta isolada, nem mesmo como apenas um projeto.

Hoje entendo realmente como BPM pode ajudar a organização a vender e lançar mais produtos e serviços, como reduzir custos, como aumentar o lucro, como reduzir riscos, como melhorar a qualidade, enfim, como ter mais sucesso.

Hoje entendo cada vez mais como BPM pode mudar a realidade do Brasil em relação aos seus serviços públicos e sua administração como um todo.

Pode parecer paradoxo, mas acredite, muitos ainda entendem, vendem, e realizam projetos de BPM como se fossem iniciativas isoladas de gestão departamental. Tenho encontrado algumas perniciosas simbioses entre a tecnologia moderna e as ferramentas e sistemas legados. Isso não é Gerenciamento de Processos de Negócio (BPM), e ajudar a acabar com esse tipo de prática, é um dos principais motivos para escrever este livro.

17

Quem deve ler este livro

Antes de responder, gostaria de compartilhar como surgiu a ideia deste livro.

Durante os últimos seis anos venho disseminando diariamente o tema BPM por todo o Brasil e constantemente sou questionado com dúvidas bastante elementares, ou num bom português, dúvidas características de iniciantes no assunto.

Bom, isso não é um problema, mas sim um indicador da maturidade média do mercado nacional. Por esse motivo, e por constantemente ter de explicar sobre Gerenciamento de Processos de Negócio de forma lúdica, decidi escrever um livro com uma Visão Geral Abrangente, Objetiva e Esclarecedora sobre Gerenciamento de Processos de Negócio | BPM. Lembrou-se do subtítulo deste livro? Se você não é *expert* em BPM, este livro é para você.

Se você já é um profissional experiente, estudado na disciplina e com prática em Gerenciamento de Processos de Negócio – um *expert* – acredito que esse livro também poderá acrescentar algo de novo ou interessante. Afinal, para você chegar aonde chegou muitos livros já passaram por suas mãos, olhos e mente. Não é verdade?

Dito tudo isso, posso definir o público alvo deste livro, como:

Qualquer pessoa que considere importante conviver com melhores serviços e produtos em seu dia a dia.

19

Uma última consideração antes de finalizar:

- *Você acha que os serviços públicos precisam melhorar?*

- *Você acha que as empresas podem ter lucro, e ao mesmo tempo, cuidar bem dos seus Clientes?*

- *Você acha que a sociedade seria melhor sem tanto desperdício e corrupção?*

Se você respondeu sim para ao menos uma dessas perguntas, sem dúvida alguma, este livro foi feito pensando em você!

Progredindo na leitura

- *Como escrever um livro sobre Gerenciamento de Processos de Negócio que progressivamente conseguirá conduzir o leitor num aprendizado continuado sobre o tema?*

- *Como tornar essa leitura atraente e, ainda assim, explicar o que precisa ser explicado?*

- *Como explicar para minha Mãe o que Eu faço para viver?*

A última pergunta pode parecer engraçada. Ok... É engraçada mesmo. Porém, não se engane, não é por isso que a mesma se torna menos legítima, ou quiçá, uma inverdade. Afinal de contas, essa é uma grande dificuldade para a maioria dos colegas de profissão. Espero estar enviando a ajuda esperada...

Considerando esses três grandes "enigmas", elaborei um leve e simples roteiro. Imagine que você precisa responder a seguinte pergunta:

- O que é, e para que serve esse tal de BPM?

Esse é o principal objetivo do livro:

Eliminar de forma definitiva, clara e amigável esta dúvida que por tanto tempo perdura em nossa comunidade. Além disso, e por meio do Crowdsourcing, incluí no último capítulo uma seleção com as vinte perguntas mais votadas pela rede de colaboradores.

21

Nota do Autor

Como o leitor já deve ter percebido, este é um livro que trata de assuntos sérios, mas não necessariamente de forma sisuda e impessoal. Se você leu o Guia para Formação de Analistas de Processos, sabe bem do que estou falando.

Aqui existe um profissional decidido a compartilhar o pouco que conhece e este mesmo profissional valoriza muito a interação com seus leitores. Portanto, gostaria de solicitar a participação de cada um. Toda ação construtiva é sempre muito bem vinda.

Participe!

Para me contatar, visite o meu site em www.GartCapote.com

Crowdsourcing

Essa é, talvez, a maior inovação na elaboração deste livro. Deixe-me explicar.

No meu primeiro livro, o "Guia para a Formação de Analistas de Processos", busquei meios alternativos, independentes e autorais para a publicação e distribuição da obra. Eu acreditava desde o início que daria certo, mas não esperava tamanho sucesso. Foi uma grata satisfação descobrir que meu livro, logo após sua publicação, já estava sendo vendido em todo o Brasil, Estados Unidos, Portugal e Angola. Estava comprovado que sair dos padrões, novamente, traria bons resultados.

Em novembro de 2011 tive uma ideia que me ajudaria a transformar a concepção e a revisão dos meus livros em algo mais participativo e que tivesse a direta intervenção, ou melhor, a direta colaboração da comunidade interessada em BPM – não só no Brasil, mas também envolvendo a Comunidade de Países de Língua Portuguesa (CPLP).

Para tornar essa ideia em realidade, estou utilizando uma das maiores redes sociais da atualidade – Facebook.

No dia 18 de novembro de 2011 criei no Facebook uma página dedicada ao *Crowdsourcing* literário para produção, revisão e lançamento de livros relacionados ao tema Gerenciamento de Processos de Negócio | BPM.

23

Para quem não conhece o termo *Crowdsourcing*, vou utilizar como fonte de referência na definição um grande expoente mundial do próprio *Crowdsourcing*, e por isso mesmo, citar um trecho diretamente da *Wikipédia:*

"O Crowdsourcing é um modelo de produção que utiliza a inteligência e os conhecimentos coletivos e voluntários espalhados pela internet para resolver problemas, criar conteúdo e soluções ou desenvolver novas tecnologias."

Fonte: pt.wikipedia.org/wiki/Crowdsourcing

Sendo assim, criei a página chamada *"BPM Books"*, que nada mais é do que um local de trabalho virtual para um grupo bastante variável, formado por profissionais voluntários, inicialmente convidados por mim e por outros participantes, e interessados em ajudar nos trabalhos de revisão técnica e ortográfica de obras que tratam do assunto BPM.

Os que participarem efetivamente nos grupos de trabalho e atuarem diretamente nas atividades de revisão, terão seus nomes devidamente evidenciados nos livros, na página do BPM Books, no meu Blog e onde mais eu puder evidenciar esta incrível entrega pessoal e profissional.

24

Fica registrado aqui o meu agradecimento formal para todos os queridos colaboradores desta primeira obra pensada e revisada colaborativamente. Muito obrigado! Vocês estão fazendo história.

Para conhecer mais, e claro, participar das nossas ações, visite a página do BPM Books em:

www.facebook.com/BPMBooks

Não se esqueça de curtir e compartilhar com seus amigos. Pense no seguinte:

Nossa realidade somente mudará para melhor quando a maioria acreditar que é possível mudar, e principalmente, quando igualmente souber promover a mudança e agir. Esse é o nosso papel.

A seguir temos o nome de todos os colaboradores que ajudaram na seleção das perguntas e na revisão desta obra.

Crowdsourcing

Revisão Técnica

Realizada por profissionais certificados

ABPMP CBPP – Certified Business Process Professional e

OMG OCEB – OMG Certified Expert in BPM

1. Alexandre Guimarães, CBPP
2. Alexandre Mota, CBPP
3. Bruno Soares, CBPP
4. Fernando de Albuquerque Guimarães, CBPP
5. Filipe Pinto, CBPP
6. Giovanni Almeida Santos, CBPP
7. Gustavo Tavares, CBPP
8. Mônica de C. B. Pacheco, CBPP
9. Samyra Salomão, CBPP
10. Sandra Camelo, CBPP
11. Sergio Roberto L. Calura, CBPP
12. Tayza Carvalhaes, CBPP
13. Ulisses Sampaio Soares, OCEB

Crowdsourcing

Revisão Geral

14. Alberto M. Vásquez
15. Alessandra Gouvêa
16. Ana Cecília Câmara Bastos
17. André Luiz Matos Rodrigues da Silva
18. André Mange
19. Antônio Neto
20. Claudio Bastos Boaventura
21. Daniel Salles
22. Erika da Silva de Castro
23. Haylla Balzani
24. Higor Monteiro
25. Jefferson Fabrício Floriano
26. Juliana Abadia S. Rocha
27. Lorena Guimarães Amaral Marques
28. Luciana Andrade de Oliveira
29. Ludmila Belchior
30. Luis Fernando Forti
31. Luis Henrique Souto
32. Luiz Humberto Ferreira Carneiro
33. Marcelo Peres
34. Marcelo Wecchi
35. Marco Gandra
36. Mariana Soares Ferreira
37. Marcus Vinicius Espoladore

Crowdsourcing

Revisão Geral

38. Maurício Mattos

39. Osiris Silva Jr.

40. Paulo R Granja

41. Ricardo Batista Miluzzi

42. Rodrigo Carnaval

43. Rosane Ferreira

44. Sérgio Vianna

45. Tomiato

46. Vanessa Meneguel Rocha

47. Vera Lucia Raposo Calixto

48. Waldecir Liberato

49. Walter Kock

Books

98 Inscritos
53 Revisões
49 Revisores
10 Estados e **DF**
03 Meses de trabalho
02 Países
01 Livro

Filipe Pinto
Washington - DC

Ludmila Belchior

Alexandre Velloso Guimarães
Antônio Neto
Claudio Bastos Boaventura
Fernando de Albuquerque Guimarães
Giovanni Almeida Santos
Gustavo Tavares
Haylla Balzani
Juliana Abádia S. Rocha
Lorena Guimarães Amaral Marques
Luiz Humberto Ferreira Carneiro
Mônica de C. B. Pacheco
Samyra Salomão
Sergio Roberto L. Calura
Sérgio Soares Vianna
Ulisses Sampaio Soares

Ana Cecilia Câmara Bastos
Luciana Andrade de Oliveira
Higor Monteiro
Luis Henrique Souto
Sandra Camelo

Alberto M. Vásquez
Arlindo Jr. Pereira
Marco Gandra
Rodrigo Carnaval
Waldecir Liberato

André Mange
Marcelo Peres
Marcelo Wecchi
Marcus Vinicius
Maurício Mattos
Ricardo Batista Miluzzi
Tomiato
Vanessa Meneghel Rocha

Luis Fernando Forti
Walter Kock

Jefferson Fabrício Floriano

Alexandre Mota

Rosane Ferreira
Osiris Silva Jr.

Alessandra Gouvêa
André Luiz Matos Rodrigues da Silva
Bruno Soares
Daniel Salles
Erika da Silva de Castro
Mariana Soares Ferreira
Paulo R Granja
Tayza Carvalhaes
Vera Lucia Raposo Calixto

29

Capítulo

1

Histórias sobre Gestão

Como ficamos assim?

Os Processos estão por toda a parte

Sem envolver neste livro qualquer convicção ou opção religiosa, filosófica, esotérica, podemos dizer que nossa vida diária nada mais é que o resultado da soma de inúmeros processos - conscientes ou não.

Com a grande maioria dos processos que interagimos, nós não temos controle verdadeiro. Somos apenas participantes eventuais e pontuais.

Toda vez que compramos um produto em um *site*, em uma loja física, contratamos um serviço particular, ou utilizamos um serviço público, estamos verdadeiramente participando do processo – não apenas consumindo seu produto ou seu serviço.

Entender e aceitar que somos corresponsáveis (igualmente responsáveis) pelo resultado de todos os processos que nos cercam é uma grande mudança de pensamento e, esta mesma mudança nos fará agir de forma diferente. Preferencialmente, esta mudança nos tornará melhores profissionais. Melhores pessoas.

Pense em processos que corriqueiramente somos participantes e em outros que nem temos consciência de que somos elementos ativos. Tente imaginar a sua vivência, a sua interação e, mais ainda, a sua expectativa nestes processos diários, tais como:

33

- A Preparação de Refeições
- O Transporte Público
- O Atendimento Médico-Hospitalar
- A Criação de Livro ou Artigo
- O seu Trabalho Diário
- A Produção de Alimentos
- O Aprendizado Humano
- Planejamentos Diversos
- Desenvolvimento de Soluções
- Reclamações Jurídicas
- Manutenção do Lar

E muito mais...

Um dos grandes responsáveis pela excelência produtiva japonesa, o norte-americano Willian Edwards Deming, sabiamente dizia:

"Se você não é capaz de descrever o que você faz como um processo, você não sabe o que está fazendo."

Sem o desenvolvimento e o controle contínuo de processos, nossa vida seria ainda mais caótica do que já nos parece ser.

Se o governo não começar a pensar e planejar suas ações de forma mais estruturada, ou seja, na forma de processos, os serviços públicos serão ainda piores.

34

Se uma empresa de telefonia, por exemplo, não pensar em realizar os serviços vendidos de forma estruturada, a telefonia brasileira será ainda pior.

A boa notícia é que a grande maioria das organizações entende a importância de ter processos bem definidos, realizados e controlados.

A má notícia é que a mesma grande maioria não tem seus processos bem definidos, realizados e controlados.

Devemos nos sentar, lamentar e aceitar essa realidade?

Sem medo de errar, digo enfaticamente:

Não! Não devemos mais aceitar as coisas como são.

Está mais do que comprovado que está errado!

Está na hora de promovermos a verdadeira mudança. A mudança que nasce no conceitual, mas ali não se encerra. É a mudança que todos nós tornaremos em prática vigente.

O Gerenciamento de Processos de Negócio (BPM) é a mudança de mentalidade necessária a toda e qualquer organização, com ou sem fins lucrativos, de iniciativa pública ou privada, que reconhece que seus processos são a chave para um bom planejamento. E que um bom planejamento pode levar aos melhores, mais desejados e tão necessários resultados.

35

Se você está lendo este livro, é porque você também acredita que a mudança é necessária.

Já está na hora de você assumir o seu lugar e seguir em frente com BPM. Vamos seguir – juntos – na transformação deste planeta em algo muito melhor.

BPM não é uma atividade burocrática e enfadonha feita pela área de qualidade de algumas organizações.

BPM não é uma iniciativa contínua para documentação e impressão incessante de processos.

BPM não é um trabalho criado para obedecer a normas obtusas e com isso obter certificações de qualidade - já comoditizadas e que não são realizadas na prática.

BPM é a certeza de que tudo pode e deve ser melhor.

BPM é esta mesma certeza transformada em disciplina estruturada de gestão e conduzida por pessoas realmente engajadas.

São tantos os desafios que o profissional vai encontrar ao tentar promover a mudança, que se não for alguém realmente envolvido de corpo e alma, sua força não será suficiente para mover as barreiras existentes. Digo isso com convicção, pois essa é a minha realidade diária desde 2004.

- Ok, Gart, mas o que é, conceitualmente, um processo?

Basicamente, podemos dizer que um processo nada mais é que uma série de ações, ou passos, que são realizados para se alcançar determinados objetivos. Vamos ver um exemplo bastante trivial.

Para se entregar uma refeição, é preciso seguir alguns passos que compõem minimamente este processo, tais como: escolher o cardápio, separar os ingredientes, preparar os alimentos e, finalmente, servir (entenda estes passos como atividades).

Um processo precisa receber insumos para seu início. A esse elemento do processo, damos o nome de "Entrada" (*Input*).

Considerando o preparo de uma macarronada como um processo, devemos, por exemplo, considerar como seus insumos: o macarrão, o tomate, a água, o sal, a carne e outro ingrediente que seja utilizado.

Uma vez com as entradas definidas e recebidas, o processo – com sua miríade de possíveis configurações de sequência de atividades – pode finalmente ser realizado e produzir um resultado, com maior ou menor variabilidade.

Continuando no preparo da macarronada, considere que, antes de colocar o macarrão na panela (que é um recurso do processo), é preciso colocar água na quantidade certa (a água é um insumo, e a quantidade certa equivale a uma regra ou procedimento do processo). A pessoa que estiver preparando a macarronada precisa ser instruída sobre a forma de realização do processo, saber a sua sequência, e claro, suas condições.

O resultado do trabalho realizado pelo processo, que é chamado de "Saída" (*Output*) é – em última instância, o produto ou serviço pelo qual pagamos, recebemos e utilizamos no dia a dia.

Se o processo foi corretamente realizado, ou seja, utilizou os insumos nas atividades corretas, na sequência correta e conforme a receita descreve (procedimentos e regras), provavelmente teremos uma refeição (saída – produto ou serviço) de qualidade, que, conforme previsto, pode sofrer variações maiores ou menores, mas será essencialmente uma macarronada conforme detalhado na receita (o processo descrito).

Muitos também me perguntam se processo é sinônimo de excelência, padronização, eficiência, e, até mesmo, burocratização. Os menos experientes em BPM chegam a pensar "processos" apenas como atividades automáticas realizadas por sistemas eletrônicos e máquinas complexas.

Muitos acreditam que falar em processos é meio caminho para redução de custos, com redução de trabalho e utilização de uma série de ferramentas – físicas e digitais.

Bem... Sim e não.

Somente descrever, observar e pensar no processo não é garantia de alcançar redução de custos ou excelência. Para alcançar esses resultados e, ainda assim, melhorar o relacionamento com os consumidores dos processos, é preciso muito mais do que apenas falar sobre o assunto, escrever manuais, diagramar atividades em grandes folhas e depois pendurá-las nas paredes do escritório.

Utilizei o exemplo da preparação da macarronada propositalmente para ajudar a tirar da mente a ideia de que processos só existem dentro das organizações, que são realizados durante o expediente, e por pessoas contratadas para tal. Sim. Essa é uma das realidades, mas não a sua totalidade.

Tudo é processo. Saiba você ou não. Queira você ou não.

Se uma macarronada pode ficar horrível dependendo do cozinheiro, imagine o que pode acontecer com o resultado de grandes e complexos processos que dependem de tantos "cozinheiros" ao longo do caminho.

Para encerrar este bloco, alguns outros elementos que compõem os processos precisam ser citados, sendo:

Objetivo

É a verdadeira razão para a realização do trabalho. Todo processo precisa ter o seu objetivo definido e declarado. É a partir do entendimento do objetivo do processo que teremos condições de realizar mudanças, alinhamentos e proposições de melhoria. Sem saber o objetivo formal do processo, qualquer mudança é perigosamente válida.

Evento

É um acontecimento real que provoca uma ação, podendo iniciar a execução de um processo, mudar seu caminho afetando a sua execução ou comportamento, e também concluir um processo. Os eventos de um processo podem ser de três tipos:

1. De Início
2. Intermediários
3. De Fim.

Ator / Participante

É o elemento encarregado pela realização das atividades e tarefas descritas no processo.

Dono de Processo

É o elemento (pessoa ou grupo) na organização que possui responsabilidade direta pelo resultado do processo.

Stakeholders

Compreendem todos os envolvidos em um processo, podendo ser de caráter temporário (como um projeto) ou duradouro (como o negócio ou a missão de uma organização).

Veremos mais adiante no livro, como a disciplina de Gerenciamento de Processos de Negócio (BPM) pretende apoiar as organizações na conquista evolutiva de uma maior maturidade no tema processos e, principalmente, como é possível alcançar a atual "tríplice coroa" organizacional:

1. Redução de Custos
2. Excelência Operacional
3. Melhor Relacionamento com Clientes

Nota do Autor

Apenas ratificando a proposta deste livro, é importante lembrar que os temas aqui tratados serão apresentados sempre de forma mais simples e lúdica. Este livro sobre BPM é para Todos, não apenas para os iniciados na profissão. É como dizem:

A sofisticação está na simplicidade.

Os Responsáveis

Vamos fazer uma troca de chapéu neste momento.

Por favor, deixe de lado o pensamento de leitor de livros técnicos sobre Gerenciamento de Processos de Negócio, não pense como um profissional preocupado somente em aprender e levar para sua organização os principais conceitos e fundamentos de BPM. Não seja apenas um estudante que busca conhecimento.

Neste momento, preciso que você se torne no que realmente é:

UM CLIENTE!

Para simplificar a nossa vida, vamos chamar o cidadão, o consumidor, ou qualquer outra variação existente, apenas de Cliente.

Sim, Eu sei que você sabe que todos nós somos Clientes, mas quando pensamos em processos, infelizmente, tendemos a pensar como empresas e, após esta estranha mutação involuntária, nos tornamos seres mais frios, inconsequentes e distantes das necessidades mais elementares da humanidade...

Portanto, querido leitor, neste ponto do livro, volte a ser apenas um "ser humano", ou o chamado "cidadão comum".

Você precisa pensar que é alguém que enfrenta filas, paga contas, anda de transporte público, perde horas em engarrafamentos, acha uma porcaria o atendimento de *Call Center*, fica doente e precisa de

43

hospitais, não aguenta mais ouvir notícias de furto do dinheiro público, de corrupção generalizada, superfaturamento de obras públicas nababescas intermináveis e, principalmente, você é alguém que paga impostos – muitos e pesados impostos, e não vê o retorno por parte do Estado.

Já está pronto?

Já está pensando como um cidadão comum? Já é capaz de sentir frustração, raiva e, ainda assim, ter muitas expectativas?

Ótimo! Vamos em frente.

Então, meu querido Cliente, você sabe me dizer por qual motivo os serviços de telefonia, de TV a cabo, a construção civil, a conexão com a internet, os hospitais, as escolas, o trânsito, as empresas aéreas (...) são tão terrivelmente ruins?

Se você "chutou" que os culpados são os processos, você acertou cinquenta por cento da questão. Faltou apenas dizer que os processos são definidos por pessoas. Ou seja, nós somos os culpados por tudo isso.

Sim, você, o poderoso Cliente, também é responsável pelo péssimo produto ou serviço que recebe.

Mutantes

Permita-me trazer um exemplo real desta mutação "pseudo-intelecto-conceitual" que nos acomete de segunda a sexta e imediatamente após passar pela catraca instalada na recepção das organizações.

Em 2011, estava palestrando em um grande evento sobre BPM aqui no Brasil e, durante a fase de perguntas da plateia, um participante me perguntou se o Gerenciamento de Processos de Negócio, ou BPM, teria algo a acrescentar em termos de melhoria para sua organização, já que a mesma, um importante órgão público nacional, possui uma área interna que cuida da excelência de seus processos e que, inclusive, já possui diversas "certificações" de qualidade e excelência pública.

Confesso que, ao ouvir o nome do órgão público – famoso por sua incapacidade estratégica-operacional e notória precariedade de resultados – na visão de seus profissionais e gestores – esta mesma organização havia galgado níveis de EXCELÊNCIA e QUALIDADE, precisei respirar fundo e contar até dez...

Recuperado do choque, não respondi sua pergunta, mas devolvi outras que nos ajudariam no diagnóstico. Educadamente, falei ao colega da plateia:

- *Quem disse que vocês são excelentes?*
- *Você deixaria seu filho a mercê desse serviço público?*

47

- Desculpe, mas eu - enquanto cidadão brasileiro - nunca fui consultado para saber se acho vocês excelentes!

Certo silêncio aconteceu. Era de se esperar, mas eu continuei e expliquei o que vou descrever aqui.

Em nenhum momento, quis brigar, ofender ou deixar o colega constrangido. Mas vocês sabem que, de vez em quando, é preciso sacudir e chocar um pouco para conseguir tirar a pessoa do mundo imaginário - formado e abastecido diariamente por rotinas corporativas.

Quando o questionei, não estava colocando em xeque a certificação A, B ou C, muito menos a capacidade do profissional e a sua ótima intenção. Mas estava, sim, tentando trazê-lo para a nossa realidade. A realidade do Cliente.

Veja. A organização trabalhou tanto para conseguir a tal certificação de "Excelência", que se esqueceu de perguntar se NÓS também achamos o serviço excelente.

Ora bolas, se você presta um serviço – qualquer tipo de serviço – você precisa saber se o seu Cliente acha excelente, e não se o auditor-certificador corporativo acha que está excelente.

Não é mais possível aceitar esse tipo de coisa. Está na hora de dizer e mostrar que nós – Clientes – não concordamos com os índices que nos são jogados goela abaixo.

Existe um livro de Charles Bukowski que tem o título perfeito para essa anomalia: "Fabulário Geral do Delírio Cotidiano".

Vamos ser sinceros. Não conheço uma só pessoa capaz de dizer:

- Eu confio plenamente, e acho excelentes, os serviços públicos brasileiros. Inclusive, já estou pensando em cancelar o plano de saúde da família, andar apenas de transporte público e colocar as crianças na escola pública. Afinal de contas, os órgãos seguem as normas internas e alcançaram a certificação de "Excelência Nível 10 Master Plus Advanced".

Isso não existe.

Não hoje.

Não aqui, no Brasil de 2012.

Para não parecer que tenho implicância com os nossos serviços públicos, o que realmente não é verdade, vamos entender e analisar uma situação bastante corriqueira para o cidadão comum, a tão temida "Ligação para a Central de Atendimento"...

Chego a ter calafrios só de pensar nisso.

Redimensionamento Já

O que vou relatar aqui também é uma situação real e vivida mais de uma vez. Sei que você vai se identificar comigo.

Imagine que você se interessou em ter uma assinatura mensal de TV a cabo, com um pacote de internet de alta velocidade e ainda se convenceu de contratar da mesma empresa o seu serviço de telefonia fixa. Até aqui, tudo perfeito, não fosse a necessidade de efetivação do serviço. Ou seja, a necessidade de um técnico comparecer em sua residência e instalar os equipamentos necessários para a operação ser efetivada.

Durante o processo de contratação da assinatura, sim, isso já é um processo, você agenda a visita do técnico, recebe um número de protocolo e começa a rezar para tudo acontecer conforme planejado. Bom, este é o padrão.

Sei que existem raras exceções nas quais não precisamos rezar, pois tudo dá certo e o técnico comparece conforme combinado. Mas, como não estamos tratando das exceções neste exemplo, voltemos ao padrão...

Chegada a tão sonhada data, você consegue tirar o dia de folga e fica em casa à total disposição do técnico da empresa.

Apelando para todas as crenças e mandingas que conhece, você torce para que ele compareça.

Após oito horas de espera - sem nem mesmo ter ido ao banheiro, pois você sabe que o técnico baterá à porta ou chamará ao interfone no exato e inexorável momento em que você relaxar (toda atenção é pouca durante esses momentos que definem nossa vida na terra) - você começa a aceitar que ele provavelmente não vem mais.

Ok, você pensa... "Vou aguardar por mais uma hora". O relógio marca nove horas da noite. Nada do técnico.

Agora, você está realmente convencido de que aquele não foi mesmo o seu dia de sorte.

Após a pronúncia exacerbada de algumas palavras de baixo calão, você sabe que precisa fazer algo, e movido por uma coragem sobre-humana, disca os números do apocalipse relacional, ou melhor, disca os números do telefone da central de atendimento.

Já musicalmente atualizado devido ao vasto repertório da URA (Unidade de Resposta Audível – aquela máquina que te pede para digitar tudo e não salva nada), você faz seu primeiro contato com um ser humano, que munido de um linguajar bastante peculiar, tenta - sempre no gerúndio – "estar descobrindo" o que houve.

- Senhor... O técnico informou que o senhor não estava em casa.

Cuidado. É neste ponto que você precisa manter a calma, pois ao menor sinal de alteração de voz ou humor, o atendente pode se ofender e rapidamente desligar a sua ligação. Se isso acontecer, você terá que repetir todo o processo novamente. Não é isso que você quer.

Aqui vai uma dica:

Respire lentamente e pense em boas lembranças da infância.

Resumindo.

Hoje, a maior parte das centrais de atendimento, e digo isso por já ter trabalhado com as maiores durante alguns anos, não está ali para reverter algum problema, agradar, e muito menos, fazer o que você realmente precisa.

Hoje, as centrais de atendimento não passam de grandes feridas corporativas expostas ao sol.

Diga se não é verdade. Na maioria das vezes que você precisa falar com uma central de atendimento, tem certeza absoluta de que a péssima imagem que você tem sobre a empresa, realmente faz sentido, e provavelmente, corresponde a mais pura e cruel verdade: eles não estão preocupados com a sua satisfação, apenas se preocupam em receber o seu dinheiro.

Tempos atrás, fui chamado por um Cliente para ajudar no redimensionamento de sua central de atendimento. Chegando lá, após ouvir um breve resumo sobre o cenário atual da empresa, brinquei com o diretor da área.

"Minha solução é bem simples. O operador que não trabalhar com a venda direta dos produtos da organização deve ser dispensado. Deixaremos apenas um atendente para receber as ligações dos eventuais problemas previstos e mais uma ou outra exceção. Fora isso, ninguém mais na operação do Call Center. Acabou a farra!"

Este meu Cliente, além de espirituoso, já conhecia minha abordagem, e riu da minha solução. Em outro cenário, ou seja, com um novo Cliente, ou alguém que não entenderia com tanta facilidade as entrelinhas e o subtexto da minha solução, eu precisaria dizer:

"A solução para o problema de "superpopulação" em sua central de atendimento não é nada trivial e, muito menos, de resultado imediato. Precisaremos peneirar dentre as reclamações recebidas, quais as principais ocorrências, e com esse mapa de problemas, começaremos a levantar quais são os processos que interagem direta e indiretamente na produção destes péssimos resultados".

Não adianta contratar mais operadores.
Não adianta mudar o sistema.

Não adianta reduzir ou aumentar o TMA (tempo médio de atendimento).

Não adianta bonificar ou punir.

É preciso entender o que estes gritos dos processos (problemas evidenciados) estão realmente tentando informar.

Quando propus a solução de eliminar 90% da operação, estava fazendo uma brincadeira análoga à condição de que, para pensar na solução, precisaremos levantar, representar, estudar, melhorar, executar e controlar os processos da organização.

Uma grande central para atendimento de reclamações e problemas é, por si só, a maior evidência dos grandes problemas nos processos da organização.

Uma central de atendimento deve ter por premissa cuidar do relacionamento com os Clientes, e não ficar apagando incêndios provocados por processos, produtos e serviços defeituosos.

Voltando ao nosso exemplo, àquele no qual o técnico – para variar - não compareceu. Você consegue imaginar qual foi o meu sentimento sobre a empresa que eu estava contratando?

Você recomendaria esta mesma empresa para um amigo ou familiar?

Imagine esse sentimento multiplicado e compartilhado por milhares nas redes sociais e você entenderá a importância dos processos para as organizações.

O mercado não está mudando. Ele já mudou.

O que antes era aceitável hoje funciona como um sinal do fim para determinados produtos e serviços.

Em uma economia cada vez mais baseada em serviços, cuidar para que os processos entreguem o que foi planejado e vendido, não é uma opção. É uma questão de sobrevivência.

As organizações precisam desenvolver cada vez mais a melhoria no relacionamento com seus Clientes, e principalmente, promover uma maior fidelização, pois as alternativas diárias são inúmeras e em rápido e constante crescimento.

Quando eu era mais jovem se dizia:

"Um Cliente satisfeito conta para mais um possível Cliente. Um Cliente insatisfeito reclama com mais dez pessoas."

Multiplique por mil, adicione o imediatismo na comunicação, e esta afirmativa continuará verdadeira nos dias de hoje.

Que negócio é esse?

Que bom que você chegou até aqui. Pelo visto, ou você é muito perseverante, ou a leitura está agradando.

Bom, considerando as duas possibilidades, gostaria de fazer umas perguntas, mas peço que você pense na resposta por alguns minutos antes de prosseguir na leitura e alcançar as respostas. Combinado? Então, vamos lá:

1. Você sabe dizer qual é o negócio da Polícia Militar?
2. Você sabe qual é o negócio do Ministério da Saúde?

Não é nada disso que você imaginou. Deixe de pensar besteira! Vou dar outra chance:

3. Você sabe qual é o negócio de um fabricante de carros?

Essa foi fácil. Certo?

Afinal, o negócio do fabricante de carros nos é bastante familiar. Ele pesquisa, projeta, constrói, anuncia e vende carros.

Não se preocupe se você não sabe exatamente qual o negócio da Polícia Militar, e muito menos, qual é o negócio do Ministério da Saúde. Essas dúvidas são bastante comuns e tem uma boa explicação para o cidadão brasileiro não saber de bate-pronto todas as respostas.

61

Antes de responder, vamos entender primeiro o que é um negócio. Para isso, vou recorrer a um trecho do meu outro livro, o "Guia para Formação de Analistas de Processos", lançado em 2011.

Negócio:

"Grupo de indivíduos interagindo para realizar um conjunto de atividades e entregar valor aos clientes (fins lucrativos ou não)."

Todos nós somos Clientes. Portanto, um Negócio – sempre – deve entender o que seus Clientes valorizam, pois só assim será capaz de elaborar suas estratégias para a entrega de um produto ou serviço de valor.

Imagine o fabricante de automóveis.

Se ele não tiver uma clara compreensão de quais são os tipos de Clientes de seus carros, dificilmente conseguirá produzir e entregar o que é considerado de valor.

Imagine um fabricante de carros de luxo superesportivos, que sem conhecer as condições financeiras e de infraestrutura do norte do nosso país, decide que abrirá uma loja para expor e vender seus luxuosos veículos em uma cidade no interior do Acre...

Ok. Este é um exemplo bastante exagerado. Mas, este mesmo exagero, acontece com muito mais frequência do que imaginamos.

A diferença é que não vemos carros esportivos sendo vendidos no meio do Pantanal Mato-grossense ou da selva Amazônica, mas temos diariamente absurdos igualmente desalinhados com a real necessidade dos Clientes.

Está duvidando?

Sou carioca, e apesar de ter vivido em várias cidades do nosso país – inclusive em duas cidades no Acre, resolvi voltar a viver na minha cidade natal em 2007. Desde o meu retorno para o Rio de Janeiro, tenho observado algumas das situações mais absurdas, que seriam até cômicas – se não fossem tragicamente reais e de muito mau gosto.

A seguir, irei citar apenas um exemplo real, dentre os muitos disponíveis, em nossa rica diversidade nacional.

Uma favela - agora chamada de comunidade na tentativa de minimizar a terrível realidade vivida pelos seus moradores – é um local onde as classes mais pobres vivem. Nas favelas não se tem escolas, hospitais, saneamento básico, calçamento, luz, órgãos públicos, segurança e principalmente, o morador de uma favela não recebe do seu governo, e da população em geral, a dignidade mínima necessária para qualquer ser humano.

63

Recentemente, um grande conglomerado desordenado, desestruturado, precário, violento e abandonado pela sociedade e pelo governo por décadas a fio, localizado na zona norte do Rio, recebeu um carro de luxo superesportivo para rodar em suas vielas sem calçamento. Deixe-me explicar melhor.

Não estou dizendo que a favela é um lugar terrível de se viver na tentativa de chocar o leitor, mas, novamente, minha intenção é trazê-lo para a única realidade de quem realmente importa. A realidade do Cliente.

Se você vivesse em uma favela, tenho certeza de que o seu maior desejo, enquanto "Cliente" do governo, seria sair de lá o mais rápido possível. E se você pensar um pouco mais sobre o assunto, diria até que o seu desejo é que não existam mais favelas no mundo!

Ninguém gosta de viver à margem da dignidade. Alguns se acostumam, e por necessidade, aceitam.

Agora eu te pergunto:

Você acha que os moradores do Complexo do Alemão (o tal conglomerado de favelas que citei) estavam ansiosos para ter um TELEFÉRICO alegórico como meio de transporte?

Eu posso apostar que não.

Tenho quase certeza de que o pai de família que cria seus filhos no complexo do alemão gostaria mesmo era de ver seus filhos saindo de lá. Não para outra favela, presídio ou cemitério. Mas, que seus filhos saiam da favela devido ao seu próprio mérito e movidos pela ascensão social por eles alcançada.

Como isso seria possível?

Se os investimentos fossem realmente preocupados com a eliminação das favelas pela ascensão social, teríamos muitas escolas, professores, médicos, hospitais, creches, segurança, infraestrutura, saneamento básico e tudo mais que temos acesso quando fora das favelas.

Resumindo essa triste história, pense no investimento que foi feito para se colocar um teleférico atravessando favelas, becos e esgotos a céu aberto – que por lá ainda existem. Foi um projeto milionário e que levou muitos anos para ser concluído.

Hoje, além desse "ponto turístico" de gosto duvidoso que o teleférico se tornou, o que sobrou foi uma população carente de atendimento e com as mesmas necessidades anteriores à chegada do desengonçado, espaçoso e custoso elefante branco. Além disso, para utilizá-lo mais de duas vezes ao dia, o pobre morador ainda precisa pagar - novamente.

Além da missão social que todo governo possui, vamos voltar ao tema "o que é um negócio" e relembrar a definição anteriormente apresentada:

"Grupo de indivíduos interagindo para realizar um conjunto de atividades e entregar valor aos Clientes (fins lucrativos ou não)."

Você acha que o governo realizou um bom trabalho gastando milhões de reais para entregar esse teleférico?

Você acha que o cidadão, morador do local, recebeu o que realmente precisa e valoriza?

Não vou entrar em questões de corrupção e desvios de caráter, mas sou levado a crer que – no mínimo – o governo vem constantemente esquecendo qual é o seu negócio. Pior ainda, os governantes não estão preocupados em entregar valor para seus Clientes – Nós, os brasileiros.

Nós não precisamos de teleférico em favelas.
Nós não precisamos de barracos coloridos na entrada da favela.
Nós não queremos ter favelas para o governo adornar.

Quando me perguntam o que é BPM, e isso acontece quase que diariamente, sempre fico na dúvida de como responder de forma clara e definitiva.

Não vejo utilidade alguma em responder essa pergunta desferindo uma série de acrônimos, e tantos outros termos que somente os profissionais da área seriam capazes de entender.

Acredito que já está mais do que na hora do nosso país entender o que BPM realmente pode significar para a nossa realidade.

Sim. BPM é uma disciplina de gestão, mas não apenas isso.

BPM é a mais verdadeira insatisfação dos Clientes – nós todos, estruturada e traduzida em conceitos, técnicas, tecnologias e ações para a transformação social e organizacional que tanto precisamos. Não apenas no Brasil, mas em todo o planeta.

Quando você pensar no Gerenciamento de Processos de Negócio (BPM), não pense apenas em diagramas, procedimentos, tecnologias, custos e lucro. Isso é só uma parte. É muito pouco.

Pense em BPM como uma mudança de mentalidade, e que esta mudança, cada um de nós irá desenvolver e levar para o nosso cotidiano na forma de ações holisticamente responsáveis. Sempre.

Será que me fiz entender?

Voltando – finalmente, e respondendo as minhas duas primeiras perguntas; qual o negócio da Polícia Militar e qual o negócio do Ministério da Saúde, acho que ficou mais fácil imaginar suas respostas após o desditoso e verídico exemplo do teleférico.

Caso de Polícia

A Polícia Militar

Um dia estava ministrando um treinamento para a Polícia Militar do estado de São Paulo, e durante o intervalo conversando com os militares que participavam do curso, surgiu justamente uma questão sobre qual seria o negócio da PM. Todos os policiais sabem qual a missão da organização e qual o objetivo do seu trabalho na sociedade.

Em termos leigos, podemos considerar como primordial o policiamento ostensivo (visivelmente presente), e a preservação da ordem pública como um todo. Mas qual é o negócio da PM?

Para saber a resposta é bem simples, basta pensar se você valoriza NÃO ser assaltado na rua, em casa ou no trabalho?

Pronto. Está definido o negócio da Polícia Militar.

Considerando que a percepção de valor do seu Cliente está diretamente relacionada à inexistência de crimes, podemos dizer que o negócio da Polícia Militar é evitar crimes – e não prender criminosos. O trabalho de investigação e captura é muito mais afeito ao negócio da Polícia Civil – que é descobrir e capturar os criminosos que cometeram os crimes que, por exemplo, o policiamento ostensivo não conseguiu evitar.

71

A Organização conhecida como Polícia Militar precisa ter claramente o entendimento de sua missão em todas as ações que planeja e realiza. Seus comandantes são os responsáveis pela definição e elaboração das estratégias mais efetivas para a vida do Cliente. Porém, sabemos que, por melhor elaborada que seja uma estratégia, a sua efetivação operacional está sujeita a inúmeras variações, incluindo o envolvimento e a capacitação dos profissionais e outros aspectos externos e independentes da vontade da própria corporação.

Estas influências externas são oriundas de um ambiente sobre o qual não temos muito controle - também conhecidos como "mercado" ou "ambiente de negócio" (por exemplo: A política nacional, a educação da população, a diversidade cultural e étnica, oportunidades de trabalho, e claro, distribuição de renda). Tais aspectos, por serem essencialmente externos e de pouco ou nenhum controle, podem tornar a missão da Polícia mais ou menos viável, e consequentemente, tornam a qualidade de vida do Cliente (nós cidadãos) melhor ou pior.

Partindo do mesmo princípio de que todo negócio deve trabalhar para entregar valor aos Clientes, vamos entender a seguir qual é o negócio do Ministério da Saúde.

Saúde

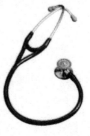

O Ministério da Saúde

Tenho certeza que deduzir qual o negócio do Ministério da Saúde (MS) ficou bem mais fácil após o exemplo da PM. Certo?

Vamos analisar a definição de função do MS, extraída do site do próprio ministério:

O Ministério da Saúde tem a função de oferecer condições para a promoção, proteção e recuperação da saúde da população, reduzindo as enfermidades, controlando as doenças endêmicas e parasitárias e melhorando a vigilância à saúde, dando, assim, mais qualidade de vida ao brasileiro.

Você percebeu que o MS cita a redução de enfermidades e a promoção de mais qualidade de vida para o cidadão brasileiro? Ótimo! Então, vamos inverter a ordem.

O que é preciso fazer para nos oferecer mais qualidade de vida – ainda no âmbito da saúde?

São inúmeras as ações e políticas possíveis. Não serei irresponsável ou pueril em tentar oferecer uma solução definitiva neste livro, até porque, duvido muito de soluções definitivas. Afinal, a nossa única certeza é a mudança...

Considerando as ponderações e declarações anteriores, você não concorda que, no final das contas, o negócio do Ministério da Saúde é não ter brasileiros doentes?

Sendo assim, e de maneira bastante abstrata e lúdica, podemos considerar que, todo e qualquer investimento do Ministério da Saúde, precisa estar diretamente relacionado à entrega do valor que nós cidadãos percebemos – NÃO ficar doentes.

Para isso precisamos, dentre muitas outras coisas, de bons hospitais, de boas campanhas públicas, vacinas, médicos, técnicos, infraestrutura etc.

Mas, principalmente, precisamos de educação com qualidade para toda a população – precisamos de educação orientada a capacitação.

Aliás, posso dizer que este é um item diretamente ligado à existência de favelas, doenças e crimes. Não é verdade?

Ou você acredita que uma pessoa com ensino fundamental ou médio, sem os instrumentos de uma especialização profissional (capacitação), terá as mesmas oportunidades de ascensão que seus irmãos - profissional e tecnicamente mais hábeis?

O Brasil não possui como maior problema profissional e social o pouco número de Mestres e Doutores, mas sim o impiedoso vale que existe entre o conhecimento mínimo da maior parte da população, e claro, o conhecimento médio geral.

A manutenção deste vale é sabidamente uma das armas políticas mais poderosas em muitas sociedades.

Portanto, qualquer organização, que por nós é conduzida, e está verdadeiramente preocupada em entender qual é o seu negócio, e assim, trabalha constantemente para alinhar seus processos em direção à entrega de valor aos seus Clientes, é uma organização incapaz de produzir o mal. Seja ele qual for.

Este é o cerne de toda a questão.

Fazer Gerenciamento de Processos de Negócio é aceitar essa incontestável necessidade. É assumir que, qualquer esforço que não esteja consonante com estes princípios, é um esforço inútil, e por isso, deve ser considerado um desperdício, e por isso mesmo, precisa o quanto antes ser eliminado da organização. Precisa ser eliminado de nossa sociedade.

77

Corpore Sano

Nova Bolsa Saúde

Em 2011, ministrei um treinamento para vários oficiais, praças e servidores da Marinha do Brasil e, numa das conversas após as aulas, um comandante, que também era profissional da área de saúde, me disse:

- Gart, por que não trabalhamos para incentivar o cidadão a não utilizar as instalações de saúde pública?

Aquilo me pareceu estranho em princípio, mas continuamos a conversa e até que a ideia mostrou-se interessante e original. Seria viável? Somente estudando, refinando e testando para sabermos. Deixe-me contar um pouco desta inusitada e divertida conversa.

Já que o governo investe tanto em programas de erradicação da pobreza, ajuda alimentar, ajuda para família de criminosos presos, ajuda para manter os filhos na escola, ajuda para comprar gás, ajuda para comprar remédios e tantas outras que nem mesmo conhecemos, deveríamos buscar premiar o cidadão que não fica doente.

Nascia ali o conceito central de Bolsa Saúde "Reversa"!

Em poucas palavras, seu pensamento era o seguinte:

81

Devemos focar os esforços na educação do cidadão. Na educação elementar, na educação profissional e, principalmente, nos princípios da boa saúde - na reeducação alimentar. O povo precisa não apenas se alimentar, mas se alimentar corretamente.

O governo deve prover meios para que o cidadão consiga se alimentar e criar sua família, mas também pode prover uma estrutura preventiva que eduque o cidadão na melhor forma de uso de tudo que ele tem acesso.

Afinal, o mesmo montante de dinheiro que consegue comprar comida industrializada de baixa qualidade e rica apenas em gordura e conservantes, também consegue comprar frutas, legumes, carnes e temperos para a realização de refeições saborosas, nutritivas e funcionais.

É uma ideia simples. Elementar. Básica.

Talvez, e por isso mesmo, seja tão difícil realizá-la nos dias de hoje.

Com a adoção desta ideia, haveria uma progressiva e positiva inversão de valores por parte da sociedade como um todo, onde não mais o povo brigaria para ter atendimento médico de qualidade em já lotados e sobrecarregados hospitais.

Com o passar do tempo a população iria precisar cada vez menos de hospitais, haja vista que, boa parte dos atendimentos prestados são decorrentes de fumo, bebida, endemias e má alimentação.

A reinvindicação social estaria em exigir mais postos de educação e direcionamento nutricional, e postos de acompanhamento preventivo - muito menos custosos que centros cirúrgicos, emergências e CTIs.

A máquina pesada e cara que existe para manter os nossos precários hospitais, e prestando serviços igualmente ruins, daria lugar a uma estrutura leve.

Esta estrutura flexível na sua operação seria formada por uma rede de locais e profissionais cobrindo todas as nossas cidades.

O foco do profissional de saúde seria criar a consciência pública de que é realmente muito melhor prevenir as doenças se alimentando corretamente.

Anualmente, de forma evolutiva, o Cidadão teria seus prontuários de saúde analisados e pontuados.

Quem alcançar as metas estabelecidas conforme seu perfil de idade, profissão etc., e tiver pouca utilização da estrutura de saúde pública para internação e medicação, seria beneficiado financeiramente. Crédito para continuar se alimentando corretamente, para fazer esportes etc.

A indústria farmacêutica mantém estreito relacionamento com a classe médica e por isso consegue mapear a venda de seus produtos, ou seja, percebe o comportamento de seu mercado. O mapeamento do Ministério da Saúde seria para averiguar se a população da região atendida está ficando mais ou menos doente, percebendo assim, a real efetividade de suas ações.

Ok, Gart, mas o que isso tem a ver com BPM?

Tudo a ver!

Toda iniciativa de melhoria e gestão de processos precisa estar diretamente alinhada com a entrega de valor para o Cliente dos processos.

Nós somos os Clientes dos processos dessa Bolsa Saúde Reversa.

Não existe valor maior que a nossa saúde.

Pensar na quantidade de processos, estratégias e integrações necessárias para uma política desta magnitude se tornar realidade, nos faz querer participar. Porém, como nós bem sabemos, por muitas vezes, a melhor solução é deixada de lado, unicamente para garantir e agradar políticos e políticas que nada entregam de valor para o Cidadão.

É preciso ter fé de que isso um dia vai mudar.

É preciso agir para isso tudo um dia mudar.

Este é o principal trabalho do profissional de BPM. Mudar tudo para melhor. Não trabalhar apenas para dar mais lucro e reduzir custos nas organizações. Isso é muito fácil, e já está mais do que provado que todos sabemos fazer!

O difícil é promover o bem organizacional uníssono com o bem estar social global. Essa eu quero ver você ajudar.

Quero falar com o Gerente!

Afinal de contas, como foi que nossa sociedade ficou desse jeito?

O consumo desenfreado e a cobiça organizacional extrapolam toda e qualquer dimensão de pensamento. Afinal de contas, no que foi que nos tornamos?

Chame o Gerente. Pare o mundo que Eu quero descer!

É. Talvez não seja possível descer. Aliás, talvez não seja mesmo disso que nosso mundo está precisando – de mais desertores ou de mais um punhado de conformistas. Certamente não precisamos de mais pessoas dizendo que isso é utopia, ilusão, besteira, que isso nunca acontecerá e todos os outros jargões comuns aos fracos.

Conforme já falei anteriormente, aqui neste livro, e em todas as outras oportunidades que tenho, realmente não acredito que deixaremos um mundo melhor baseando nossas ações na irracionalidade da sobrevivência imediata.

Explicitamente, isso quer dizer que, não será acordando todos os dias pela manhã, apenas preocupados em como pagar os boletos no final do mês, que iremos construir e deixar algo melhor do que encontramos. Até as minhocas na terra conseguem deixar algo de bom. Por que nós, seres tão evoluídos e inteligentes, não conseguimos fazer o mesmo?

Você acha que tudo o que podemos deixar são estradas, prédios de cem andares, aviões, televisores e bilhões de aparelhos de celular em uso e mais outros tantos bilhões no lixo? Vou ser bem sincero com você. Esse não é um livro de autoajuda, e muito menos tenho a intenção de ser dono de qualquer verdade absoluta.

Porém, eis aqui um profissional que, na falta de termo melhor, está "dando a cara à tapa" por uma causa, ou por uma necessidade, que é de todos.

Eu realmente acredito, e preciso continuar acreditando, que nós todos ainda vamos ser e fazer muito melhor do que atualmente somos e fazemos. Isso vale para tudo.

Vale para quando estamos em nossa residência e nos preocupamos em não incomodar os vizinhos. Quando estamos dirigindo e não somos os "espertinhos" que trafegam pelo acostamento quando o trânsito está engarrafado.

Quando somos um político, que eleito pelo povo, usa e abusa de suas prerrogativas para enriquecer ilicitamente e beneficiar seus "amigos".

Tudo isso, que tantos nos irrita no dia a dia, que nos cala e entristece a alma ao assistir o noticiário nada mais é que um grande e doloroso reflexo da nossa postura egoísta e imediatista sobre essa nossa atribulada vida.

90

Isso tudo vale para a forma como entendemos a nossa função nas organizações, e principalmente, como estruturamos e realizamos a sua missão.

Você encara o mercado como um ambiente inóspito cercado de concorrentes desleais e que farão de tudo para acabar com sua organização?

Você fará de tudo, doa a quem doer, para alcançar suas metas mais ousadas e conquistar o Eldorado do monopólio capitalista, ensinado por outros tantos infelizes pensadores e lideranças?

Bem, se você acredita que as perguntas anteriores foram capciosas e retóricas, que são apenas mais uma tentativa de desmerecer as conquistas que você e outros tantos lutam diariamente para conseguir, então, este livro não é para você. BPM não é para sua organização.

Mas, se você disse não ao que perguntei antes, seja muito bem vindo ao meu mundo. Nós temos uma bela e longa jornada pela frente. Difícil, mas igualmente viva e gratificante.

Talvez este trecho do livro esteja um tanto quanto pessoal, ou superlativo, mas não vejo problema nisso. Afinal, quem foi que disse que nossa vida profissional não é uma questão igualmente pessoal? Desde quando não podemos falar aos que nos querem ouvir?

Sei que muitos podem estranhar um livro técnico onde o autor expressa constantemente sua opinião. Ora, eu não sou apenas festa, nem tampouco somente trabalho.

Tudo o que sei, e me dispus a compartilhar com você nesta obra, não foi criado e consolidado em um imunizado ambiente de laboratório. Pelo contrário, tudo aqui descrito foi vivido intensamente e, principalmente, é o resultado vivo decorrente de muitos erros, acertos, frustrações e felicidades.

Se não temos paixão pelo o que fazemos, o simples fazer, realmente não nos importa.

Fique à vontade para considerar este último trecho como um tratado informal. É um tratado que nós podemos criar e evoluir. É apenas um tratado entre quem realmente importa. Todos nós!

Nós somos as pessoas que farão esta mudança acontecer. Acredite.

Capítulo

2

A Nova Caixa de Ferramentas

O que existe de novo?

Muito bem. Chegamos até aqui.

Acredito que você já tenha entendido que Gerenciamento de Processos de Negócio (BPM), não é uma ferramenta de burocratização organizacional, ou apenas, um pouco de "mais do mesmo" - criado apenas para movimentar o mercado de consultoria e treinamentos.

Se você leu com atenção todo o capítulo anterior, tenho certeza de que já está na sua mente que BPM, além de ser uma disciplina de gestão, é muito mais que isso. É uma grande mudança de mentalidade, que nasce com os profissionais, permeia as organizações e espalha seus resultados por toda a sociedade.

Você também já deve ter entendido que, para BPM, nada é mais importante que a entrega de valor para o Cliente, e que a grande dificuldade organizacional, está em entender e entregar o que o Cliente realmente valoriza.

Já deve saber que, ao falar de Cliente, estamos falando de todas as pessoas que consomem – utilizam – os serviços e produtos fornecidos por organizações privadas, públicas, com ou sem fins lucrativos. Agora já deve de estar mais claro que você é o verdadeiro Cliente do Governo, não apenas um passivo e pacífico Cidadão.

E finalmente, se cumpri bem a minha missão no capítulo anterior, você deve ter ficado bastante incomodado com alguns absurdos exemplificados.

Deve ter percebido que, o profissional de BPM, não pode e nem deve aceitar estes mesmos absurdos como se fossem a única forma de se fazer as coisas. Para você já está claro que, a principal característica ao se adotar a disciplina de BPM, é a constante e incansável busca da melhoria, da eliminação de desperdícios, do compromisso em entregar para o Cliente (nós mesmos) somente o melhor, sempre da melhor forma e com os melhores meios, custos e impactos sociais.

O leitor já deve ter reparado que a linguagem deste livro não é a mesma utilizada em tantos outros livros técnicos. Sabe por quê?

Porque acho extremamente enfadonho (chato) ficar apenas referenciando infinitamente outras proposições, escrevendo na terceira pessoa etc. Além disso, acho que a leitura fica cansativa e nos faz perder boas oportunidades – oportunidades estas que o autor poderia explorar bem melhor.

Esta proximidade entre autor e leitor faz parte do meu estilo de escrita, estilo esse que foi consagrado pelos milhares de gentis leitores do meu primeiro livro.

Espero que você também esteja se beneficiando dele, pois a ideia não é ser um autor "irreverente", mas permitir que a fluidez, e a simplicidade de uma conversa, realmente tragam entendimentos e *insights* que um texto distante, e demasiadamente formal, não permitiria.

Todos nós temos conhecimentos adquiridos e amadurecidos ao longo dos anos de uso e desuso diário. Basta decidir se vamos escrever e compartilhar com outros.

Dessa forma, vamos continuar a nossa conversa, lembrando que "BPM Para Todos" foi escrito declaradamente com o intuito de desmistificar o tema e torná-lo de fácil compreensão para os que ainda não atuam na área.

Para os estudiosos da disciplina, e demais profissionais de BPM, espero que esta conversa simples e direta também traga bons ganhos.

Portanto, está na hora de apresentar mais alguns conceitos formais da disciplina de Gerenciamento de Processos de Negócio - igualmente importantes para a evolução do leitor e do livro.

97

Evolução

Observando um pouco das iniciativas de garantia de qualidade, reestruturação de trabalho, eliminação de desperdícios e melhoria de processos, a seguir vamos entender um pouco da evolução da gestão organizacional nos últimos 40 anos.

Antes de qualquer coisa, vamos ver alguns elementos essenciais da análise que apresentarei neste capítulo, sendo que a minha proposta principal é mostrar os esforços que as organizações realizaram e ainda realizam constantemente na busca do que se convencionou chamar de "Tríplice Coroa". Seus componentes são:

1. Melhoria de Serviço
2. Redução de Custo
3. Aumento de Lucro

A busca incessante por melhores serviços, redução de custos e o aumento constante do lucro, é uma busca que tende a mudar o ponto focal de observação do ambiente organizacional. Essa busca vem gradativamente mudando a perspectiva e a visão dos gestores e estrategistas organizacionais.

Cada vez mais é preciso observar e entender a organização observando-a pelo lado de fora – pelo lado de quem convive com os resultados dos processos organizacionais. Pelo lado dos Clientes.

Mais adiante no livro tratarei com detalhes os principais conceitos e técnicas que direcionam este esforço de mudança de percepção organizacional e realinhamento de processos – conhecido mundialmente como *Outside-in* – De fora para dentro.

Por enquanto, vamos compreender melhor como a busca da tríplice coroa tem movido as organizações em direção a uma percepção cada vez mais refinada e eficiente das necessidades e expectativas dos seus Clientes.

A Primeira Onda

TQM | BPI

Consideremos as décadas de 70 e 80 como ponto inicial desta breve análise. Neste período o mundo corporativo-organizacional promoveu grandes esforços para alcançar resultados perceptíveis na melhoria da qualidade de seus produtos e serviços.

Oriundo da década de 50, mas se destacando efetivamente a partir de 1970, um dos maiores expoentes foi TQM – *Total Quality Management* – ou Gestão da Qualidade Total. Em TQM, o princípio mais evidente era a necessidade de se criar uma consciência organizacional comum sobre a importância da qualidade nos processos produtivos e gerenciais, envolvendo elementos externos ao controle original da organização, tais como o relacionamento com fornecedores e demais parceiros na realização do negócio da organização.

O principal foco de TQM era a padronização dos processos de trabalho e a sua análise detalhada buscando uma contínua melhoria. Desta forma, as mudanças se concentravam principalmente em mudanças nas atividades mais operacionais, e por isso, causavam pouco impacto no gerenciamento do negócio como um todo.

103

O TQM teve grande adoção no Japão durante o período, onde se desenvolveu e foi aprimorado, trazendo com relevância em sua abordagem a visão de que a participação de todos os colaboradores da organização, através de suas diversas atribuições em cada nível hierárquico, era fator determinante para o atingimento dos objetivos da organização como um todo.

Essa mudança de postura para com os colaboradores tem por premissa que haja uma constante e apurada comunicação organizacional, envolvendo todos os níveis hierárquicos. Essa eficiente e eficaz comunicação organizacional é, talvez, o principal elemento da então reajustada dinâmica da organização.

Já para o BPI – *Business Process Improvement* – ou Melhoria de Processos de Negócio, a análise da situação atual de cada processo da organização (chamado de processo *As Is*) é o ponto focal para permitir a proposição de melhorias futuras e uma nova realidade para o processo (chamado de processo *To Be*). BPI teve sua mais notória abordagem definida na década de 90 com a metodologia *Rummler-Brache*.

Sem entrar nos detalhes dessa poderosa metodologia, basicamente podemos dizer que a os autores, *Geary Rummler* e *Alan Brache*, produziram uma abordagem clara e definida sobre como estruturar, conduzir e medir as organizações com base em seus processos.

Podemos dizer que as principais considerações sobre BPI são resumidas em:

1. Os processos precisam de constante realinhamento com as metas do negócio;

2. A mudança é uma constante e o Foco no Cliente uma necessidade de qualquer organização;

3. Os resultados devem ser mensurados, e se possível, comparados com *Benchmarks* – internos ou externos a organização;

4. Os processos precisam ter Donos de Processos, sem isso não há efetivo controle sobre o atingimento dos objetivos e metas.

A Segunda Onda

BPR | *Lean* | *6 Sigma*

Na década de 90, talvez o grande expoente da segunda onda de gestão tenha sido o BPR – *Business Process Reengineering* – ou Reengenharia de Processos de Negócio.

Um dos principais desenvolvedores do BPR foi o professor *Michael Hammer*, que ao publicar seu artigo na *Harvard Business Review*, declarou a importância de se eliminar atividades que não agreguem valor evidente ao negócio.

Essa abordagem foi muito utilizada em todo o mundo, sendo aplicada de forma bastante radical e tendo por premissa o realinhamento integrado e fundamental de todos os processos importantes para o negócio.

A abordagem de olhar para os processos da organização a partir do zero e então definir como eles deveriam ser construídos (*clean slate*) era uma grande mudança de pensamento, e, principalmente, um grande risco, pois ignorava a análise da situação atual e seu aprendizado decorrente dela.

Além disso, o BPR assumia que o principal fator limitante do desempenho das organizações era a ineficiência de seus processos (o que não obrigatoriamente é uma verdade).

107

Como resultado, boa parte das organizações utilizou de forma equivocada este poderoso conceito – propositalmente ou não – para promover demissão em massa de trabalhadores (colaboradores). Essa prática rapidamente ganhou a animosidade coletiva e levou o BPR a um vertiginoso desuso.

Ainda na segunda onda e já falando sobre esforços e abordagens que perduram até hoje na realidade organizacional mundial, devemos citar duas importantes lideranças de prática e pensamento – *Lean e Six Sigma*.

Lean

Particularmente, sou um grande fã da filosofia *Lean*. Sim, *Lean* pode ser considerado como uma filosofia ou somente um conceito, mas nem por isso, deve ter seu poder de mudança negligenciado. *Lean*, ou "enxuto", é essencialmente uma filosofia que descreve uma poderosa abordagem holística e sustentável para usar menos de tudo e mesmo assim conseguir mais. Talvez o conceito de holística não seja muito claro, e para entender *Lean,* é preciso primeiro entender sua abrangência implícita. Sendo assim, explico que uma abordagem holística trata do "indivisível" – confirmando que não se pode haver entendimento do todo somente por análise separada das partes. Para uma análise holística aceitamos que o TODO determina o comportamento das partes. *Lean* também é uma estratégia de negócio baseada na satisfação do Cliente entregando produtos e serviços conforme a necessidade apurada, buscando sempre:

- A quantidade requerida
- O preço justo
- O momento no qual o Cliente precisa
- E utilizando o mínimo de
  - ✓ Materiais
  - ✓ Equipamentos
  - ✓ Espaço
  - ✓ Trabalho
  - ✓ Tempo

Qual o mínimo possível de material, tempo, espaço, instalações, capital, energia, esforço, e o que mais for necessário, para desenvolver e entregar um produto ou serviço para seu Cliente?

Qualquer coisa diferente do mínimo absoluto é essencialmente um DESPERDÍCIO.

A lógica da filosofia *Lean* está na constante análise das causas de desperdício, e para isso se tornar viável, algumas premissas foram estabelecidas:

* O Cliente tem a necessidade e define o propósito
* Tudo inicia e termina com a necessidade do Cliente
* O Cliente é o verdadeiro Árbitro de Valor
* Criação de Valor é um Processo
* Desperdício deturpa o Processo de Criação de Valor
* Um Processo Perfeito não possui Desperdício
* Processos Perfeitos maximizam o Valor para o Cliente

O processo perfeito nunca foi alcançado... Sua busca constante é o cerne da filosofia *Lean*. Cada pessoa possui sua percepção do que constitui valor. O que é valorizado pela pessoa muda conforme a circunstância e o tempo. Com *Lean* é preciso entender o que os Clientes valorizam, e então, criar a entrega de valor da forma mais efetiva.

110

Quando se entende o que o Cliente valoriza, se define a própria natureza do trabalho na organização:

- O que deveria ser feito
- Como deveria ser feito
- E até mesmo, SE deveria ser feito

Ainda segundo *Lean*, para se adicionar valor a um processo, toda ação, atividade, processo, pessoa, organização, equipamento e qualquer outro recurso envolvido deve:

- Ser claramente o motivo pelo qual o Cliente está pagando
- Estar transformando o produto
- Contribuir diretamente para percepção de valor

Como disse anteriormente, acho muito importante a compreensão da filosofia *Lean,* e acredito que todas as organizações deveriam respeitar seus 5 Princípios mais essenciais:

1. Especificar claramente o Valor
2. Identificar o Fluxo de Valor dos Produtos e Serviços
3. Promover a fluidez do Fluxo de Valor
4. Fazer com que a produção seja "puxada" pela demanda
5. Promover a Melhoria Continua em busca da perfeição

Respeitando os princípios, o foco na redução dos 7 Desperdícios se faz igualmente presente e poderoso para *Lean*, sendo seu foco definido na eliminação estruturada e mensurada de:

1. Superprodução
2. Tempo de espera
3. Transporte
4. Excesso de processamento
5. Inventário
6. Movimento
7. Defeitos

Six Sigma

Outra ferramenta muito poderosa para a redução de erros e melhoria de produtos e serviços, e que é amplamente utilizada em todo o mundo, é *Six Sigma* – ou Seis Sigma. Podemos considerar Seis Sigma como um conjunto de práticas, originalmente desenvolvidas pela Motorola, para aprimoramento contínuo de processos, produtos e serviços organizacionais focando sempre no resultado para o Cliente. Seu maior objetivo é a redução de variação e defeitos nos processos, objetivando alcançar apenas 3,4 defeitos em cada milhão de oportunidades de defeito. Alcançar esse número não é nada trivial, e por isso mesmo, para algumas organizações, como na aviação civil, a menor variação é algo que não se pode aceitar, pois pode representar o acontecimento de desastres e catástrofes. Por definição, "Defeito", é qualquer não conformidade em produto ou serviço a partir de suas especificações. Ou seja, qualquer variação no comportamento, que não esteja prevista na especificação do produto ou serviço, deve ser considerado alvo de eliminação, pois é um defeito. Tecnicamente falando:

Desempenho 6 Sigma é o termo estatístico para um processo que produz menos de 3.4 defeitos por milhão de oportunidades (instâncias do processo).

Seus princípios essenciais são:

1. Reduzir continuamente a Variação em Processos
2. Eliminar Defeitos em Produtos e Serviços

Para ficar claro o impacto de se alcançar 99.99966% de certeza de que não haverá um defeito no produto ou serviço, peço que analise cuidadosamente os resultados apresentados no seguinte quadro comparativo:

99% BOM (3.8 Sigma)

20.000 correspondências extraviadas por hora (Correio)

5.000 erros cirúrgicos x semana

2 Pousos Mal sucedidos por dia

Sem eletricidade por 7 horas todo mês

Entre 48.000 e 96.000 mortes atribuídas
a problemas nos hospitais todo ano

99.99966% BOM (6 Sigma)

7 correspondências extraviadas por hora (Correio)

1.7 erros cirúrgicos x semana

1 Pouso Mal sucedido a cada 5 anos

Sem eletricidade por 1 hora em 34 anos

Entre 17 e 34 mortes atribuídas
a problemas nos hospitais todo ano

6 Sigma possui dois métodos de projeto específicos para fases distintas dos produtos e processos de uma organização.

Momento de Criação

No momento de criação de novos produtos e processos, utiliza o método de acrônimo DMADV (Definir, Medir, Analisar, Desenhar e Verificar), para tratar respectivamente de objetivos, características de qualidade, capacidades do produto ou serviço, definir detalhes do projeto e averiguar o resultado de projeto piloto.

Figura 1 DMADV - 6 Sigma

Momento de Melhoria

Além dos passos para a criação de novos produtos e serviços, 6 Sigma também estabelece passos estruturados para a melhoria contínua dos já existentes na organização. Este "caminho" é amplamente utilizado em organizações do mundo inteiro, sendo conhecido por seu acrônimo DMAIC (Definir, Medir, Analisar, Melhorar e Controlar), para tratar respectivamente da definição do problema, da medição dos aspectos atuais, da análise de dados para

115

busca da causa e efeito, para melhorar e realizar projetos piloto e também controlar desvios estatísticos.

Figura 2 DMAIC - 6 Sigma

Evolutivamente, a prática de *Lean* e de *Six* Sigma provocou no mercado uma fusão positiva entre as duas abordagens complementares, fazendo surgir o que hoje conhecemos como *Lean-*6Sigma. Esta fusão promoveu um programa de integração entre os pontos fortes de cada um, destacando assim suas principais características:

- *Lean-*6Sigma enfoca objetivos estratégicos da organização e estabelece metas de melhoria baseadas em métricas quantificáveis e execução na forma de projetos;

- Tem seus projetos conduzidos por equipes lideradas por especialistas em 6 Sigma (*Black Belts* ou *Green Belts*);

- Deve ser orientado "de cima para baixo" (*Top-Down*), sempre buscando o comprometimento da alta administração da organização;

- Trabalha sempre a mensuração dos benefícios do programa realizado evidenciando o aumento da lucratividade da empresa (*"Bottom-line results"*);

- Deve-se manter o foco na satisfação do Cliente realizando os passos previstos para a aplicação do DMAIC.

A Terceira Onda

Business Process Management | BPM

No início de 2000, mais exatamente em novembro de 2002, era lançado o livro que estabeleceria os conceitos e diferenças entre as duas ondas anteriores e o que ainda estaria por vir para a moderna gestão organizacional. Os autores, *Peter Fingar* e *Howard Smith*, lançaram naquele ano o livro *Business Process Management – The Third Wave* (Gerenciamento de Processos de Negócio – A Terceira Onda). Para os profissionais e gestores de processos, talvez este seja o livro mais importante lançado na primeira década de 2000. Particularmente, eu o considero como tal, pois foi um verdadeiro divisor de águas para o período. Sua linha principal é:

"Don't bridge the business-IT divide – Obliterate it!"

Em uma tradução livre, podemos entender como:

"Não diminua o fosso entre o negócio e a tecnologia – Elimine-o!"

Este foi o mote para a mudança de postura iniciar sua caminhada nas organizações, porém, também foi uma oportunidade para empresas de tecnologia corromper o conceito maior, e na busca imediata de resultados, transformaram BPM em sinônimo de compra de sistemas de automação de processos e atividades.

119

Felizmente, o mercado amadureceu e esse erro conceitual e prático já está devidamente suplantado. Inclusive, a maioria dos fabricantes de produtos de automação e gerenciamento de atividades de processos (BPMS), reconhece que houve certo exagero na época, mas que o mesmo era uma característica do momento. Olhando por esse lado, preciso concordar, afinal, eu mesmo vivenciei o período, e é verdade que todos corriam para eliminar retrabalho e controlar processos por meio de automação, workflow e abordagens semelhantes.

Sendo assim, o que realmente é BPM?

Desde o início do livro venho falando sobre o que NÃO é BPM, e isso tem um motivo. Precisamos ter as diferenças bem definidas para não cometer os mesmos e antigos erros.

Permita-me resgatar alguns trechos já apresentados aqui no livro, trechos que você não encontrará nas palavras de outros autores. Quando falamos sobre BPM, ou Gerenciamento de Processos de Negócio, precisamos extrapolar e ir além de sua importante definição elementar formal – definida no BPM CBOK® e que veremos na sequência. Neste momento peço que leia os trechos a seguir e tente contextualizar com os exemplos anteriormente apresentados no capítulo um.

120

Business Process Management – BPM

Gerenciamento de Processos de Negócio

BPM é a mais verdadeira insatisfação do Cliente – nós todos, estruturada e traduzida em conceitos, técnicas, tecnologias e ações para a transformação social e organizacional que tanto precisamos. Quando pensar em Gerenciamento de Processos de Negócio (BPM), não pense apenas em diagramas, procedimentos, tecnologias, custos e lucro. Isso tudo faz parte, mas é muito pouco.

Pense em BPM como uma mudança de mentalidade, e que esta mudança, cada um de nós irá desenvolver e levar para o nosso cotidiano na forma de ações holisticamente responsáveis. Sempre. É uma grande mudança de mentalidade, que nasce com os profissionais, permeia as organizações e espalha seus resultados por toda a sociedade.

E formalmente, cito agora a definição existente no BPM CBOK® da ABPMP Internacional (Associação de Profissionais de Gerenciamento de Processos de Negócio):

BPM é uma abordagem disciplinar para identificar, desenhar, executar, documentar, medir, monitorar, controlar e melhorar processos de negócio, automatizados ou não, para alcançar resultados consistentes e alinhados com os objetivos estratégicos da organização.

Mantendo o foco deste livro, que é dar uma visão clara e abrangente sobre BPM, mas que seja de fácil entendimento para quem não é profissional ou estudioso da disciplina gostaria de apresentar rapidamente a seguir o ciclo de vida do BPM. Ou em outras palavras, quais as etapas necessárias para cobrir os trabalhos e princípios necessários ao Gerenciamento de Processos de Negócio. Se o leitor desejar uma visão detalhada de cada etapa, sugiro a leitura cuidadosa do BPM CBOK® 2.0 e para ajudar a conectar alguns pontos ainda soltos nesta versão, fica a dica para conhecer o Guia para Formação de Analistas de Processos. Nele descrevo os passos e necessidades das áreas de conhecimento mais afeitas à profissão do analista de processos com BPM.

Voltando ao ponto – resumidamente e conforme o BPM CBOK®, BPM é composto de nove áreas específicas de conhecimento, sendo todas inter-relacionadas e evolutivamente complementares.

1. Gerenciamento de Processos
2. Modelagem de Processos
3. Análise de Processos
4. Desenho de Processos
5. Gerenciamento de Desempenho
6. Transformação de Processos
7. Organização de Processos
8. Gerenciamento de Processos Corporativos
9. Tecnologias de Gerenciamento de Processos

Fazendo uma rápida referência ao livro Guia para Formação de Analistas de Processos, trago a seguir uma figura existente na página 66, que claramente representa a visão geral das etapas do ciclo de vida de BPM e evidencia a importância da etapa de análise de processos.

Figura 3 - Ciclo de vida estendido com fase de análise

De forma complementar a definição de BPM anteriormente apresentada, a seguir temos dois outros acrônimos de grande utilização no mercado. É importante ao menos se ter uma visão geral sobre o significado e a utilização ambos. Também utilizarei aqui as mesmas definições existentes no livro Guia para Formação de Analistas de Processos.

BPMS

Business Process Management Suite – Systems

Software/Sistemas auxiliares na realização de BPM

Um BPMS, ou *Business Process Management Suite* ou *System*, é uma ferramenta complexa que, em linhas gerais, é responsável pela realização de grande parte do ciclo de vida do Gerenciamento de Processos de Negócio.

É importante que o leitor entenda e fixe em sua mente que BPM é a disciplina de gestão, e BPMS um dos seus ferramentais de apoio. Fazendo uma simples analogia, seria o equivalente a dizer que, a administração financeira é a disciplina, e a planilha eletrônica, é apenas uma das ferramentas utilizadas.

As ferramentas de BPMS devem apoiar as organizações na realização de importantes atividades das fases do ciclo de vida de Gerenciamento de Processos de Negócio, sendo principalmente:

1. A representação dos seus processos (Modelagem)
2. Definição das informações geradas (Dados)
3. A forma como o trabalho será realizado (Formulários)
4. O comportamento dos processos (Regras de Negócio)
5. Definição e Alocação de Recursos (Participantes)
6. Reutilização dos sistemas da informação (Integração)

125

7. Validação das mudanças nos processos (Simular)
8. A realização do trabalho definido no processo (Execução)
9. A verificação de resultados do processo (Monitorar)

Esta é sua representação cíclica mais comum.

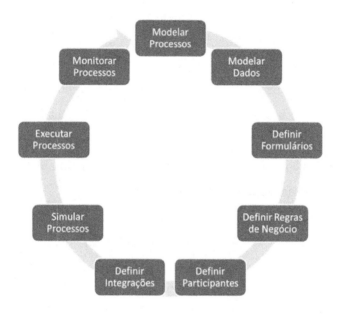

Figura 4 - Ciclo BPMS

BPMN

Business Process Modeling Notation

Notação de Modelagem de Processos de Negócio

BPMN é a linguagem mais apropriada para representar processos atualmente. Hoje está na versão 2.0, sendo a mais completa e poderosa notação existente no mercado. Com BPMN é possível descrever os processos desde a forma mais abstrata para promover apenas uma discussão inicial, até a modelagem mais detalhada e completa – capaz até mesmo de ser executada por ferramentas BPMS. Este é um dos grandes benefícios da notação.

Para o contexto deste livro, o mais importante sobre BPMN que o leitor precisa saber é:

1. BPMN já é – incontestavelmente – a linguagem mais completa e poderosa para se utilizar no Gerenciamento de Processos de Negócio com BPMS;

2. BPMS serve tanto para documentação atual dos processos das organizações, quanto para a representação de processos melhorados e futuros, contemplando, ou não, a automação com o uso de ferramentas BPMS;

127

3. Representar processos com BPMN não é a mesma coisa que representar processos com qualquer outra notação ou linguagem. É preciso estudar a definição de seus elementos e também as suas particularidades de uso;

4. Atualmente, não é necessário comprar qualquer tipo de produto para produzir diagramas de processos com grande qualidade e validação. Dependendo da solução adotada, é possível gerar documentos dinâmicos, simulações matemáticas para validar o comportamento dos processos, e até mesmo, realizar a execução completa sem qualquer custo;

5. Para conhecer a BPMN em detalhes, sugiro desde já que o leitor faça o download gratuito da documentação no site da OMG – BPMN em http://www.bpmn.org/.

Para encerrar esta contextualização sobre as três ondas de tentativa de alcançar e conquistar a tríplice coroa, espero que tenha ficado evidente que BPM é uma evolução oriunda de esforços estruturados e realizados ao longo de pelo menos 40 ou 50 anos. Não estamos reinventando a roda.

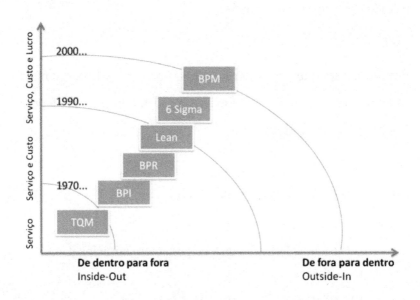

Figura 5 - Evolução da Transformação

BPM orienta quais ferramentas podemos e devemos usar em benefício da Sociedade, do Cliente e das Organizações. Os conhecimentos adquiridos e refinados ao longo de décadas de contínuo crescimento prático e teórico, são conhecimentos preciosos demais para qualquer disciplina ignorar.

A prova mais evidente da maturidade com que tratamos a gestão das organizações está no reconhecimento da validade de conhecimentos e técnicas anteriormente bem sucedidas. BPM, conforme costumamos dizer, é uma grande caixa de ferramentas e, dentro dela, encontramos as mais diversas utilidades, técnicas, filosofias, métodos, princípios e tecnologias.

Portanto, para que não restem dúvidas sobre as definições mais fundamentais, aqui vai um último lembrete e depois seguiremos com o livro.

- BPM NÃO é uma METODOLOGIA
- BPM NÃO é uma TECNOLOGIA
- BPM NÃO é uma FILOSOFIA
- BPM É uma DISCIPLINA de gestão organizacional
  E ainda
- BPMS NÃO é igual a WORKFLOW
- BPMS NÃO é para substituir PESSOAS
- BPMS É um complexo PRODUTO de *software*
- BPMN NÃO funciona igual ao FLUXOGRAMA tradicional
- BPMN NÃO é apenas para DOCUMENTAÇÃO
- BPMN É para documentação e EXECUÇÃO de processos

Pense em BPM como o grande viabilizador ou a caixa de ferramentas que precisamos ter dentro das organizações para conseguir apertar os parafusos soltos e promover uma administração holística do negócio.

Com a visão holística:

✓ **Lucro** deixa de ser o objetivo principal e se torna consequência de todos os processos da empresa;

✓ **RH** finalmente deixa de ser custo;

✓ **Consumidores** deixam de ser apenas receitas e se tornam parte da empresa;

✓ A **Organização** é uma série de **Processos Interligados**;

✓ Uma Organização é um grande **Processo** que **contém vários Processos**;

Além disso, o pensamento holístico é profundamente ecológico. O indivíduo e a natureza não estão separados, pois formam um conjunto impossível de ser dissociado. É por isso que qualquer forma de agressão à natureza é pura e simplesmente uma forma de suicídio.

Nota do Autor

O capítulo 3, Primeiros Passos, não é uma metodologia de BPM tecnicamente detalhada, mas sim uma explicação lúdica, com escrita mais clara e leve sobre os primeiros passos que boa parte das organizações precisa iniciar em direção ao efetivo Gerenciamento de Processos de Negócio. Para conhecer minha metodologia de BPM detalhada, consulte o livro "Guia para Formação de Analistas de Processos".

Lembre-se, a ideia deste livro é desmistificar o tema e ser claro o suficiente para que qualquer pessoa consiga entender o básico sobre BPM e o que é preciso fazer para evoluir na disciplina.

Capítulo

3

Primeiros Passos

Como começar?

Quando decidi escrever este livro tive uma sensação bastante inquietante sobre como alcançar o "tom" correto e falar com uma linguagem clara e objetiva sobre um tema tão técnico e abrangente. Mas como sou uma pessoa com muita sorte, recentemente fui ministrar outro treinamento sobre fundamentos de BPM e uma pergunta dos participantes me provocou uma epifania capaz de responder por escrito à pergunta tão complexa.

- Como começar com BPM?

Talvez esta seja uma das perguntas mais difíceis e perigosas de se tentar responder. No meu livro "Guia para Formação de Analistas de Processos", o último capítulo traz uma metodologia capaz de responder tecnicamente a esta questão e, além disso, guia o leitor pelos conhecimentos, fases e atividades necessárias em cada etapa do ciclo de vida de BPM. A dificuldade desta pergunta está em responder de forma simples, sem tender a possíveis exageros técnicos de quem já estudou ou praticou BPM conforme descrito no BPM CBOK®.

Vamos começar entendendo os passos que acredito que sejam suficientes para uma ação estruturada de BPM em organizações de qualquer tipo ou porte, desde que iniciando em BPM, ou até mesmo, reavaliando as iniciativas anteriormente realizadas.

137

Com muita frequência me pedem para descrever de forma clara os passos que uma organização deve dar para se considerar uma "organização estruturada" e, assim, praticar na sua gestão o mais completo e efetivo Gerenciamento de Processos de Negócio e, sequencialmente, alcançar a Gestão POR Processos. Logo após detalhar os primeiros passos apresentarei um breve paralelo ente Gestão DE Processos e a Gestão POR Processos.

Importante

Antes de qualquer investimento ou planejamento para executar os passos que serão apresentados a seguir, é extremamente importante que a organização saiba qual a sua situação atual em relação ao Gerenciamento de Processos de Negócio. Se a organização não possuir habilidades técnicas na disciplina de BPM, ficará muito mais difícil fazer esta autoavaliação.

Nesse caso, é uma boa prática recorrer à ajuda externa para a condução de um rápido e importante *Assessment* – ou Avaliação de Maturidade em BPM.

O conteúdo desse capítulo considera que a organização está no nível inicial de maturidade de BPM.

Os primeiros passos para qualquer organização iniciante em BPM, ou que esteja reavaliando sua forma de cuidar dos processos, podem ser definidos como:

1. Descobrir os Processos Atuais
2. Descrever os Processos Atuais
3. Definir o Sentido dos Processos
4. Preencher a Cadeia de Valor
5. Certificar a Estratégia
6. Definir o que é Importante
7. Diagnosticar o que é Importante
8. Divulgar o Diagnóstico
9. Propor o Tratamento
10. Fazer Acontecer

Quando você estiver lendo e entendendo o que cada passo significa, não pense que cada passo proposto levará muito tempo para ser realizado. Mesmo considerando a relatividade do tempo entre realidades distintas, podemos considerar uma média histórica aproximada para a realização de cada um desses em até duas semanas. O objetivo de seguir esses passos é alcançar, o quanto antes, o conhecimento mínimo essencial para dar início ou andamento ao ciclo de vida de BPM.

1- Descobrir os Processos Atuais

Aqui estamos nós, e este é o nosso cenário atual. Estamos frente a frente com a Quimera guardiã da ponte que dá acesso ao caminho que nos permitirá sair definitivamente deste misterioso e gigantesco pântano. Este pântano mantém atolados todos os nossos recursos devido a sua areia movediça, formada por infinitos retrabalhos, e com sua espeça e constante névoa, o pântano encobre todos os processos, seus problemas e seus resultados.

Ok. Este não é um livro sobre seres mágicos e mundos distantes, mas achei que, se conseguisse fazer o leitor visualizar o cenário do pântano misterioso, estaria um pouco mais perto de conseguir descrever a realidade de muitas organizações. Ao nos depararmos com a Quimera que guarda a ponte, estamos vislumbrando o tamanho do desafio que temos pela frente.

Mas, nem tudo está perdido, você agora descobrirá alguns segredos que serão de grande utilidade na jornada que se apresenta logo adiante. Sendo assim, vamos em frente. Vamos enfrentar este mítico ser que nos mantém reféns do desconhecido e cada vez mais afundados na areia movediça de infinitos retrabalhos.

Quero começar fazendo uma pergunta bem simples:

- Quantos processos sua organização possui?

Dezenas? Centenas? Milhares?

Não sabe ao certo?

Bem, se sua organização possui milhares ou centenas, a melhor frase que me vem à mente para descrever o que sinto ao ouvir isso é:

- *"Houston, nós temos um problema"!*

Se possuir dezenas, e forem poucas estas dezenas, talvez estejamos mais próximos de algum progresso. Deixe-me explicar.

É muito comum ouvir Clientes e Alunos dizerem que estão envolvidos em trabalhos de levantamento e documentação de processos, e que devido à quantidade elevada de processos, normalmente eles não possuem tempo de descrever com a qualidade desejada, e muito menos, envolver a organização na aprovação de suas atividades no processo.

Toda vez que ouço esse tipo de coisa, faço a mesma pergunta.

- *Quantos processos sua organização possui?*

Os números variam bastante entre organizações, mas um ponto é uma constante. Poucos sabem – realmente – que não existe organização capaz de ter e gerenciar uma enormidade de processos. Toda vez que ouço alguém dizer que tem 80, 100, 200 ou 500 processos na organização, imediatamente acontece um diagnóstico bastante comum, quase que de uma endemia.

Se você me diz que está trabalhando, gerenciando, levantando ou qualquer outra coisa, com 80, 100, 200 ou 500 processos, você está me dizendo que sua organização não tem claramente a união de processos em nome de seus objetivos. Explicando: Quando temos esses grandes montantes de processos para gerenciar, não temos uma clara união entre eles e a cadeia de valor, e muito menos, uma união destes processos na realização dos objetivos do negócio.

Você se lembra da importância de saber qual o objetivo do negócio? Fico feliz.

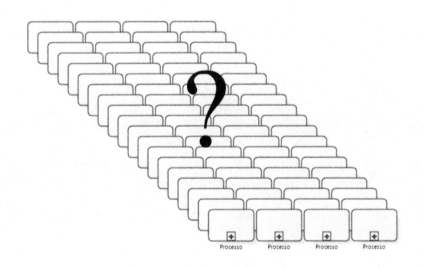

Figura 6 - Passo 1

143

2- Descrever os Processos Atuais

Muito bem. Agora já temos ao menos os nomes de todos os processos que a organização tenta cuidar em seu dia a dia. Mas, como sabemos – isso não basta.

O próximo passo da organização é promover um detalhamento mínimo de todos os processos atuais. Sim. Todos!

– Mas, Gart, já que iremos mudar os processos, isso não seria perda de tempo?

Você acha que investir em conhecimento é perda de tempo? Sei que não acha, afinal, se você acreditasse realmente nisso, não estaria lendo este livro. Então, meu caro, por que é que investir no conhecimento dos processos atuais da organização pode ser um desperdício?

Sem o conhecimento sobre a realidade atual dos processos, qualquer proposta de melhoria pode ser um erro e ainda piorar o cenário atual da sua organização. Não subestime esse ponto.

Portanto, querido leitor , descrever os processos em sua situação atual é um passo mais que importante para a nossa caminhada para fora do pântano do desconhecido. Esta etapa é que vai permitir a análise dos processos. Sem fazer uma análise dos processos, posso dizer sem medo de errar: Tudo estará igualmente certo ou errado.

Para descrever os processos a organização precisará de pessoas capacitadas, e de preferência, que tenham alguma prática em BPMN. Isso facilitará muito a continuidade das iniciativas e permitirá um refinamento evolutivo das descrições dos processos. Neste ponto o mais importante é descrever os processos de forma simples e objetiva, tanto na forma de diagramas com BPMN, quanto na descrição textual complementar sobre os principais recursos envolvidos na sua realização.

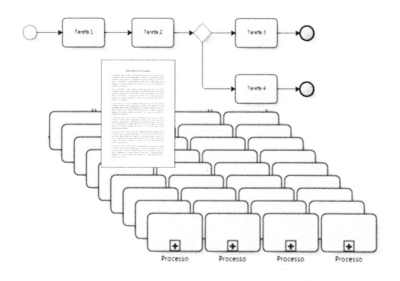

Figura 7 - Passo 2

Existem diversas técnicas para realizar a descrição de processos, mas vou manter o tom o menos tecnocrata possível neste livro e dizer que, até mesmo uma descrição textual sobre os principais passos do processo e o que ele pretende entregar pode servir para permitir o nosso caminhar, e nos habilitará ao próximo passo desta jornada.

Vale a dica de sempre nomear os processos com um verbo no infinitivo para denotar a ação que o processo realiza na intenção de entregar o produto ou serviço. Evite também longas declarações após o verbo.

Seja o mais objetivo e evidente possível – nunca utilize gerúndio. Não transforme o nome das atividades em verdadeiros testamentos, e pior ainda, com dois verbos. Usar dois verbos, normalmente, é igual a definir duas atividades/processos.

3- Definir o Sentido dos Processos

Neste ponto a organização já terá uma visão abrangente de quantos processos atualmente possui, e ainda, saberá ao menos o objetivo de cada um destes processos. Agora é hora de ver para que lado cada processo está apontando. O processo está direcionado para o lado da realização dos objetivos do negócio, ou para o lado da realização de trabalhos totalmente isolados e criados sem a visão do todo?

Os processos atuais servem apenas para o "chefe" ou foram pensados na entrega para o Cliente?

Como já vimos antes, toda organização precisa entender e descrever claramente os objetivos do negócio. Somente com essa definição clara poderemos criar o que costumo chamar de "Agrupamento Por Afinidade de Relacionamento" - em direção ao objetivo do negócio.

De tanto falar sobre isso, uma colega acabou sugerindo que eu adotasse uma sigla, que seria APAR (Agrupamento Por Afinidade de Relacionamento). Ou seja, todos os processos precisam passar pelo APAR. Fique à vontade para usar o APAR.

Você se lembra dos 80, 100, 200 ou 500 processos descobertos?

Agora precisaremos fazer o APAR de cada um. Fazer isso é relativamente simples. Basta perguntar para cada processo:

- Qual o seu objetivo?

Se a resposta não estiver evidente, deixe este processo em um "estacionamento" temporário e continue a perguntar para todos os outros.

Não ter a resposta clara pode ser uma evidência de que estamos diante de processos replicados – mimetizados, desalinhados ou até mesmo de que o processo é pontual, com abrangência tão reduzida que, provavelmente, sua existência só faz sentido para o próprio gestor da área. Tipicamente, estes são processos operacionais pouco ou nada alinhados com os objetivos do negócio.

Sendo assim, ao descobrir o objetivo de cada processo, você está criando uma base de conhecimento que permitirá a realização do APAR, e consequentemente, você estará criando o conhecimento necessário para que sua organização – pela primeira vez – tenha uma visão completa de todos os processos que existem, mesmo que estes ainda sejam muitos em número e também pouco alinhados.

Fazendo o APAR, você deve encontrar situação parecida:

- Qual o objetivo deste processo?

- Esse processo tem um objetivo complementar a este outro?

- Estes dois processos, de acordo com seus objetivos, têm afinidades de relacionamento? Ou seja, colaboram para a realização de um objetivo maior? Sim? Então estes processos serão agrupados.

Figura 8 - Passo 3

Esse foi apenas um passo. Perguntar para cada processo qual o seu objetivo e, com a resposta definida, descobrir o seu verdadeiro sentido em relação à realização dos objetivos do negócio.

Realizando esse passo, sua organização deverá ser capaz de olhar para o seu "portfólio" atual de processos e começar a vislumbrar qual a colaboração de cada um para a entrega de seus produtos ou serviços. Parabéns pela conquista! A Quimera perdeu muita força.

Historicamente, na maior parte das vezes que estou envolvido nessa etapa com os Clientes, vejo uma reação bastante curiosa. É um misto de surpresa e negação. Surpresa, pois pela primeira vez a organização enxerga todos os seus processos de forma clara e orientada aos objetivos de negócio. Negação, pois poucos ficam confortáveis em assumir que realmente não sabiam de tudo aquilo... O ser humano é realmente muito interessante.

4- Preencher a Cadeia de Valor

Ótimo. Já temos uma visão de todos os processos atuais da organização, e mais ainda, sabemos o seu relacionamento direto com o atingimento de objetivos.

Agora está na hora de transformar a até então alegórica cadeia de valor em algo mais significativo em termos de gestão de processos. Vamos trabalhar neste passo o agrupamento dos processos nos três principais tipos de processos de negócio das organizações: os Processos Primários, Processos de Suporte e Processos de Gestão.

Antes, permita-me resgatar mais um trecho do meu livro "Guia para Formação de Analistas de Processos", e trazer aqui uma breve definição teórica sobre os três tipos de processo de negócio.

Processos Primários

Relação direta com os Clientes.

Ultrapassam qualquer fronteira funcional corporativa e possuem como mais marcante característica, o contato direto com os Clientes.

Processos de Suporte

Colaboram com a realização dos processos primários.

Suas principais características são a ausência de relacionamento direto com os Clientes e o forte e evidente vínculo com a visão funcional tradicional.

153

Processos de Gestão

São processos estabelecidos formalmente e com o intuito de coordenar as atividades dos processos de suporte e dos processos primários. Devem buscar garantir que os processos por ele gerenciados atinjam suas metas operacionais, financeiras, regulatórias e legais.

Sendo assim, chegou o momento de olhar cada processo atual e descobrir onde ele está localizado.

Um processo que gera relatório de desempenho para a diretoria é um processo mais afeito à composição de um processo primário, ou de um processo de gestão?

O processo que colabora na comunicação direta com o Cliente faz parte da composição de um processo de suporte interfuncional, ou faz parte do processo primário da organização?

São perguntas que serão feitas para cada processo existente e as respostas darão origem ao primeiro mapa de processos da organização – já totalmente APAR e considerando as três categorias de processos de negócio (Primário, Suporte e Gestão).

Ora, se estamos falando de Gerenciamento de Processos de Negócio, é evidente que, antes de qualquer tentativa de gestão, precisamos primeiro descobrir quais os processos que compõem os três tipos de Processos de Negócio da organização.

Ficou claro agora?

Não adianta tentar partir para gestão, automação ou qualquer esforço de melhoria nos seus 80, 100, 200 ou 500 processos, se a organização não sabe exatamente a forma como cada processo colabora para o atingimento de seus objetivos de negócio.

Realizando esta breve etapa, ficará bastante evidente que muitos processos estão replicados, já estão obsoletos, e até mesmo, que nem precisariam existir, pois outros realizam o mesmo trabalho. Acredite. Isso é muito mais comum do que pode parecer nesse momento.

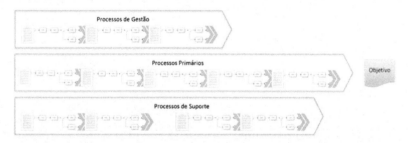

Figura 9 - Passo 4

Neste ponto a organização terá um maior conhecimento sobre a situação atual – questão essencial para permitir qualquer tipo de análise e diagnóstico.

5- Certificar a Estratégia

Tenha muita atenção durante esta etapa. Não por acaso este é o quinto passo dentre os dez que completam nosso pequeno percurso para o Gerenciamento de Processos de Negócio. Estamos no meio do caminho.

Até agora sua organização já fez muitos esforços e evoluiu substancialmente, já descobriu os processos atuais, descreveu, definiu o sentido e preencheu a cadeia de valor com processos de negócio. Em resumo, a organização já sabe do que é feita.

Não seria esse o momento ideal para abastecer a camada estratégica com todas essas novas e importantíssimas informações?

Sim. Este é o momento de levar as informações sobre os processos de negócio identificados até agora e solicitar que a estratégia seja analisada, comparada ou revista. Este é o ponto onde a informação sobre "como as coisas realmente acontecem" encontra as pessoas que decidem "o que precisa acontecer".

Tradicionalmente, as organizações, em sua grande maioria, têm suas definições estratégicas pouco ou nada alinhadas com a realidade operacional e gerencial da organização como um todo. Afinal, nunca antes alcançaram o nível desta quinta etapa.

Não pretendo descrever neste lúdico livro como deve acontecer este encontro entre os processos e as estratégias, mas preciso evidenciar a sua importância.

De nada adianta produzir toda a informação trabalhada até a quarta etapa da jornada se esta mesma informação não será utilizada para a tomada de decisão e uma melhor percepção sobre as capacidades gerais da organização. BPM cuida desde o alinhamento estratégico entre os processos e o negócio, até a sua execução operacional e o constante refinamento. É muito comum encontrar na gestão e direção das organizações o uso de ferramentas e métodos de alinhamento estratégico (*Balanced Scorecard*, Análise de *SWOT* etc.). Mas, sabendo o que sabe até agora, eu pergunto:

- Você não acha que as estratégias seriam mais bem elaboradas se tivessem a quantidade e qualidade da informação que podemos prover nesta quinta etapa?

Acho que sei a sua resposta.

Figura 10 - Passo 5

6- Definir o que é Importante

Você abasteceu a camada estratégica da sua organização com informações jamais recebidas. Você é praticamente um desbravador! Ok. Talvez não seja esse o melhor termo. Mas, vamos voltar ao cenário do pântano e da Quimera.

A areia movediça de retrabalhos começou a solidificar. Agora já é possível se apoiar na margem e começar a resgatar os recursos que lá viviam atolados. Está na hora de decidir como você e seus colegas irão passar pela Quimera.

Este é o resultado da certificação estratégica que aconteceu no passo anterior. Agora, a tomada de decisão sobre o que deve ser feito está diretamente ligada a sua verdadeira capacidade de realização. Não iremos mais traçar uma estratégia de passar voando sobre a Quimera, já que não temos condições reais de voar.

Sem uma formal verificação estratégica da importância dos processos de negócio, os esforços de melhoria de processos podem se concentrar onde realmente não importa para a organização e para o Cliente. E pior ainda, a estratégia pode estar apoiada em processos que não permitem a sua realização, mas seus gestores acreditam no contrário... Acham que podem realmente passar voando pela Quimera.

159

Você se lembra do exemplo da "certificação de excelência interna"?

Este é o melhor exemplo de resultado quando não há certificação estratégica de importância dos processos e definição dos esforços organizacionais. Se a organização conhece seus objetivos de negócio, conhece os processos que ajudam ou não a sua consecução, já está na hora de descobrir a causa dos problemas que acabam impedindo a melhor realização de cada processo de negócio.

Para conseguir um resultado que permita e estimule a continuidade, é preciso escolher bem o alvo. Não adianta atacar a Quimera no seu psicológico. Ofendê-la não resolverá o problema e ainda desmotivará a equipe, pois a mesma não verá resultado nas ações. É mais efetivo encontrar seus pontos fracos físicos e descobrir o que precisa ser feito para atingir o ponto vital.

Já está na hora da organização definir quais são os processos que serão analisados, pois o resultado dessa análise é o que permitirá definir as novas estratégias.

Figura 11 - Passo 6

7- Diagnosticar o que é Importante

Neste ponto do caminho, a organização já possui uma visão única, mesmo que simplificada, de seus processos mais importantes na consecução – realização – da estratégia. Agora já é possível pontuar e definir quais são os processos de negócio com maior participação na criação de valor em direção ao objetivo do negócio – em direção à entrega do que o Cliente realmente valoriza.

Muito bem. Temos um mapa abrangente que é composto por três grupos de processos que formam os processos de negócio – os processos primários, de gestão e de suporte.

Agora é a hora de a organização definir quais destes processos, que já sofreram APAR, serão analisados em detalhes.

O ideal neste ponto é ter o patrocinador político da iniciativa e os gestores dos processos reunidos num mesmo fórum para definir os processos-alvo. Uma vez definidos seguindo a estratégia da organização, os gestores envolvidos precisaram garantir uma das partes mais delicadas desse tipo de iniciativa. Eles precisarão garantir "A Agenda" dos colaboradores.

Sim. Ter os colaboradores envolvidos no levantamento e diagnóstico dos processos é uma condição insubstituível, pois sem um número razoável de representantes dos processos, a iniciativa corre um grande risco de "pular" lacunas e "assumir" informações e situações sem a devida ratificação. Muito cuidado nesse ponto.

161

Considerando que os gestores dos processos por analisar garantem e permitem que seus colaboradores sejam entrevistados e os seus trabalhos diários analisados, neste passo será realizado o que é conhecido comumente como análise *"As Is"* – ou análise do processo como é. A fase de análise de processos é tão rica e complexa que foi o tema escolhido para ser abordado com a profundidade necessária no meu livro "Guia para Formação de Analistas de Processos". Nele eu apresento os conhecimentos, as técnicas, as atividades e as ferramentas necessárias para a boa realização desta etapa. Seguindo o objetivo deste livro, neste ponto, basta ficar claro que a organização entrará em uma das fases mais sensíveis do ciclo de vida de BPM, e que a sua realização deve ser conduzida por profissional capacitado na disciplina. Este profissional é o Analista de Processos.

Apenas para exemplificar aqui a complexidade do trabalho, a seguir apresento uma figura do meu livro, onde apresento as atividades mínimas necessárias para a boa análise de processos.

Figura 12 -Guia para Formação de Analistas de Processos - P. 169

Para encerrar a descrição desta etapa, vale ressaltar um ponto crucial sobre a análise dos processos.

Devemos sempre procurar descobrir os tempos e recursos necessários para realização de cada atividade no processo, e mais ainda, devemos sempre buscar identificar os "pontos cinzentos" – pontos do processo onde as informações se perdem e os responsáveis não estão claramente definidos. Estes são pontos de troca de responsabilidade entre participantes dos processos. Estes são - invariavelmente, pontos de falha, acúmulo de trabalho, redução da capacidade do processo, e claro, pontos de grande risco – conhecidos também como "*Handoffs*".

Figura 13 - Passo 7

8- Divulgar o Diagnóstico

De que adianta descobrir a causa origem de um problema no processo, se quem realmente precisa saber não for igualmente envolvido?

É igual àquela antiga piada:

O que você faria se estivesse em uma ilha deserta com aquela linda e cobiçada celebridade? Ora, eu contaria para todo mundo!

De nada adianta alcançar essa informação se ela encerra sua projeção em si mesma. É muito importante dar retorno sobre o resultado alcançado durante a análise dos processos. Não apenas informar os seus problemas mais evidentes, mas principalmente, levar um diagnóstico estruturado e com informações cruciais para a tomada de decisão.

Que informação seria essa?

Depende - Eu poderia dizer, mas ao menos, devemos aprovar e divulgar para os gestores e patrocinadores da iniciativa:

- As atividades que consomem mais recursos
- Os recursos mais utilizados nos processos
- O tempo total dos processos (desde o início até o fim)
- A capacidade efetiva de entrega de cada processo
- A ligação entre os resultados de cada processo

Nos treinamentos que ministro para a formação de analistas de processos eu sempre percebo muita resistência dos alunos em tratar de temas como: tempo total do processo, custo do processo, maiores gargalos evidenciados, habilitadores tecnológicos e, principalmente, como apresentar estes resultados.

Devido a essa grande resistência e dificuldade, todo o treinamento é baseado na entrega e divulgação de resultados dos trabalhos (tanto para os processos atuais, quanto para as melhorias propostas). Afinal, de que adianta "garimpar" toda essa informação e não saber apresentá-la? O recado desta etapa é:

Prepare um material "contundente" e que contenha o resultado do trabalho de análise. Leve informação conclusiva, não repita em detalhes como foi que se chegou aos resultados.

O fórum para divulgação do diagnóstico deve ser formado por tomadores de decisão – que normalmente não dispõem de muito tempo. Portanto, seja claro e conclusivo.

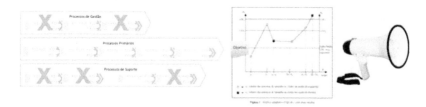

Figura 14 - Passo 8

9- Propor o Tratamento

O grupo já estava bastante combalido, mas após muito esforço e dedicação, conseguimos resgatar os que ainda permaneciam atolados na areia movediça. Aproveitando que a espessa neblina que encobria todo o pântano se dissipou, nos aproximamos do nosso alvo e analisamos com cuidado sua exótica compleição física. Acabamos de tomar conhecimento dos pontos fracos da temível Quimera. Agora precisamos definir as armas e a forma como atacaremos a besta que nos impede de progredir no caminho adiante. Este é o cenário no qual nos encontramos. Está na hora de criar a mudança.

Retornando para a nossa realidade organizacional, estamos no passo conhecido como Desenho de Processos, ou processo "To Be" – que nada mais é que o momento de, com base no resultado da análise, definir cuidadosamente como o processo deverá ser realizado. Quais serão as atividades, os participantes, as regras, os caminhos, suas dependências, a tecnologia envolvida e tudo o mais que fizer parte da nova realidade do processo.

Neste ponto ainda estamos trabalhando e avaliando as possibilidades. Devemos usar esta etapa para elaborar as mudanças necessárias ao processo para que ele alcance os objetivos estabelecidos seguindo os princípios de eliminação de desperdícios, eliminação de defeitos e entrega de valor para os Clientes.

167

Na etapa de propor o tratamento para as doenças dos processos, devemos sempre buscar a aprovação estratégica e respeitar alguns importantes princípios:

- Eficiência estruturada entre processos
  Não criar a excelência isolada – ou funcional. É preciso sempre projetar a melhoria entendendo o impacto e a relação entre processos.

- Melhor interação com Clientes
  Sempre buscar melhorias que eliminem a necessidade de contato desnecessário dos Clientes. Eliminar contatos derivados de problemas. O Cliente só deve contatar a organização para aquisição de novos produtos ou serviços. Outros tipos de contato são, normalmente, para tratamento de problemas derivados de processos ruins.

- A qualidade nasce com o início do processo
  Não devemos projetar melhorias que demandam retorno a passos anteriores, verificações de erros, muitos níveis de validação e anomalias do tipo. Cada atividade do processo, desde o seu evento inicial, deve ser criada com a preocupação de que a mesma seja "perfeita". Sabemos que a perfeição não é uma realidade, mas sua busca é o cerne de toda melhoria.

Para finalizar este passo, gostaria de trazer uma citação do "Guia para Formação de Analistas de Processos":

Não vamos desenvolver ótimas soluções para controle de reclamações de Clientes. Vamos analisar e entender o processo como é (As Is), para depois eliminar os verdadeiros problemas no novo processo (To Be).

Um dos objetivos mais importantes da realização da análise e desenho de processos (As Is e To Be) é permitir a coordenação efetiva (orquestração) do seu funcionamento, e não necessariamente trocar ou adicionar tecnologias.

O processo mais importante é o que entrega a melhor experiência para os Clientes.

Todos os outros processos precisam ajudar a viabilizar essa entrega.

Figura 15 - Passo 9

10- Fazer Acontecer

Estamos todos diante da Quimera. O grupo já conhece seus pontos fracos. A liderança definiu qual será a sequência de ataque. Chegou a hora da verdade. Aqui descobriremos se seguiremos viagem, momentaneamente vitoriosos, ou se todo o esforço anterior foi em vão, e diante do primeiro grande desafio, padecemos sem cumprir nossa missão...

Figura 16 - A Quimera

É verdade. Este é o ponto onde não há retorno. Se a organização não continuar em frente – e não der este importante passo, estaremos desperdiçando recursos e energia.

Caso seja decidido não tornar real o novo processo, todo o esforço de análise e proposição de melhoria estará comprometido.

171

Não imediatamente, mas em muito pouco tempo, pois o processo continuará sua dinâmica de mutação, e essa mesma dinâmica fará com que os resultados dantes alcançados não tenham mais tanto vínculo com a situação da organização.

Este é o principal risco de não se tornar em realidade o que já foi projetado e aprovado. Isso precisa acontecer com agilidade. O mercado e a organização mudam o tempo todo, e nem sempre as mudanças são documentadas e analisadas. Portanto, se fizemos uma análise da situação atual (*As Is*), entendemos os problemas, e ainda criamos a solução (*To Be*), o próximo passo precisa ser sua realização – Fazer Acontecer!

A operacionalização de novos processos não é uma coisa trivial, pois depende de dois elementos complicadores.

1- Pessoas
2- Tecnologias

Pessoas

Se a organização negligenciar a necessidade de envolvimento das pessoas neste processo de mudança, fatalmente incorrerá na criação de resistência e animosidade. É essencial envolver e capacitar os colaboradores para que o processo se torne uma realidade operacional diária. Caso contrário, teremos mais um procedimento armazenado e não realizado.

Tecnologias

Igualmente importante, e invariavelmente exigente, a tecnologia necessária para a mudança projetada precisa ser muito bem definida. Não é nada incomum encontrar organizações que fizeram quase tudo certo, mas na hora de implantar o novo processo contendo as mudanças tecnológicas projetadas, ficam "patinando" em constantes falhas sistêmicas, novas necessidades tecnológicas de infraestrutura e investimento etc.

Nem sempre é necessário fazer grandes mudanças tecnológicas. Na realidade, boa parte da tecnologia já está disponível na organização, bastando apenas um trabalho de recomposição ou reuso das soluções.

Como pode imaginar, Pessoas e Tecnologias não são temas simples e que podem ser definidos em um pequeno punhado de páginas. Conforme o objetivo deste livro, o mais importante para o leitor nesse décimo passo, é ter certeza de que não deve negligenciar ou subestimar estes dois elementos – Pessoas e Tecnologias.

De nada serve para a organização ter um monte de diagramas retratando os novos e "melhorados" processos. Para a organização, estas melhorias somente terão utilidade quando forem efetivamente praticadas, monitoradas e gerenciadas. Esse é o maior desafio.

Fica a dica:

173

Quando for pensar no décimo passo, ou melhor, quando a iniciativa estiver chegando ao momento de fazer acontecer o que foi projetado e aprovado como melhoria de processo, lembre-se de alguns fatores decisivos para a sua realização:

- Vontade Política - Patrocínio
- Comunicação Organizacional – Envolvimento das pessoas
- Planejamento Responsável – Gestão do projeto de implantação
- Acompanhamento do andamento – Medição e *Feedback*
- Entrega – Disposição para correr riscos

Respeitando esses fatores, teremos nossas chances de sucesso consideravelmente aumentadas, no entanto, o inverso é igualmente verdadeiro.

Figura 17 - Passo 10

O que é Gestão Por Processos?

Conforme dito anteriormente ao apresentar os 10 primeiros passos para o BPM, vou tentar explicar aqui a diferença mais básica entre a Gestão DE Processos e a Gestão POR Processos.

O leitor já deve de ter entendido que o BPM prevê a realização de um ciclo de vida evolutivo, que inicia com o alinhamento estratégico e evolui até a implantação de processos analisados e melhorados, sendo que estes processos são constantemente monitorados e refinados.

Esse conjunto de etapas é o que basicamente compõe o Gerenciamento de Processos de Negócio (Gerenciamento de Processos Primários, de Suporte e de Gestão).

Para uma organização poder dizer que tem sua gestão feita POR processos, ela precisa – essencialmente – realizar de forma estruturada, contínua e institucionalizada todo o ciclo de BPM e, além disso, sua estrutura organizacional (distribuição de responsabilidades, cargos, bônus etc.) precisa ser totalmente orientada pelos seus processos de negócio.

Hoje esse cenário ainda não é comum nas organizações nacionais.

Porém, já é bastante comum encontrar variantes evoluídas a partir desta concepção, onde as estruturas antigas – historicamente funcionais, dão lugar a estruturas mais maleáveis e orientadas por seus processos de negócio.

175

Para organizações mais evoluídas, até mesmo seus resultados operacionais são compartilhados entre as áreas funcionais. As áreas continuam existindo, mas são transpassadas horizontalmente pelos processos primários, de suporte e gestão. Nessa estrutura temos gestores e donos de processos estabelecidos e cuidando dos resultados dos processos de negócio, não apenas dos resultados de suas áreas funcionais.

Portanto, para simplificar este ponto, é suficiente para este livro dizer que, a Gestão DE Processos é equivalente ao estabelecimento de uma estrutura organizacional suficiente para entender e gerenciar os seus processos de negócio.

Já a Gestão POR Processos, é uma forma avançada e decorrente da prática de Gestão de Processos de Negócio, onde além da estrutura necessária para a realização do ciclo de vida de BPM, a organização adota como estrutura de gestão o resultado da medição e o comportamento dos seus processos de negócio, dissolvendo gradativamente as amarras funcionais tradicionais.

Para tornar um pouco mais evidente as mudanças mais elementares nas estruturas de gestão, apresento a seguir dois exemplos simples – também extraídos do livro "Guia para Formação de Analistas de Processos", e que talvez ajudem a vislumbrar a magnitude da mudança.

Estrutura Funcional Tradicional

As organizações geridas por estruturas funcionais clássicas são adeptas das divisões de trabalho baseado na especialização. Este tipo de estrutura permite e se sustenta por meio de hierarquias simples e com grande capacidade de coordenação, porém, devido ao alto grau de relacionamento e dependência na tomada de decisão, o seu tempo de resposta às necessidades de mudança pode ser seriamente comprometido. Tradicionalmente este modelo é encontrado e adotado por organizações que vivem uma realidade operacional e de marketing com poucos produtos e serviços.

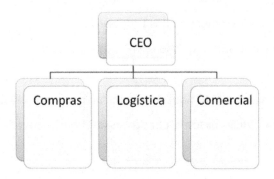

Figura 18 - Estrutura Funcional Tradicional

Estrutura Por Processos

Para o estabelecimento efetivo de uma arquitetura orientada a processos, algumas premissas se fazem necessárias:

✓ Consenso corporativo sobre o que são processos de negócio
✓ Donos de processos
✓ Documentação dos processos
✓ Definição clara da produção de valor
✓ Certeza da influência que um processo tem sobre outro
✓ Entendimento sobre as habilidades necessárias aos processos
✓ Percepção da qualidade de realização de cada processo
✓ Medição do desempenho dos processos
✓ Decisões baseadas em desempenho dos processos

Além das premissas até aqui apresentadas, para o estabelecimento de uma organização baseada em processos, alguns novos atores são necessários:

Gestor de Processo

É o responsável direto pelo resultado dos processos que compõem os processos de negócio (Primários, de Suporte ou Gestão).

Dono de Processo

É responsável direto e em última instância pelo processo e seu desempenho ao longo do tempo. Este papel pode ser atribuído a um indivíduo ou até mesmo a um grupo – prática não tão comum.

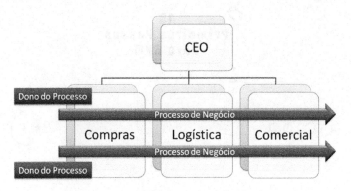

Figura 19 - Estrutura Por Processos

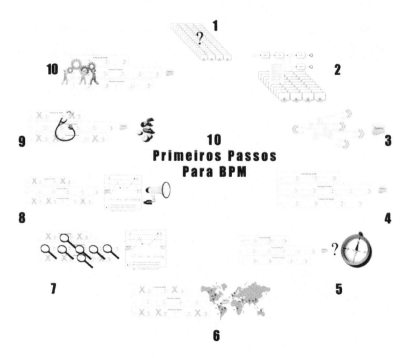

Figura 20 - Ciclo do Capítulo 3

Este capítulo foi pensado como um "Habilitador" situacional. Ou num bom português, pensei nele como uma forma de ajudar organizações que ainda fazem parte do grupo que não possui uma visão consistente sobre todos os seus processos, e pior ainda, não tem uma clara visão sobre quais são os seus processos de gestão, suporte e primários.

Pensei em ajudar essas organizações a efetivamente dar os primeiros passos em direção a Gestão De e Por Processos.

180

Como você deve ter percebido, ao terminar o décimo passo a organização estará atravessando a fronteira entre a atual Gestão Funcional e a Gestão de Processos de Negócio. Mas, o caminho não encerra aí. É preciso continuar a jornada e realizar o ciclo de vida completo de BPM.

Espero que ao terminar a leitura desta parte você tenha alcançado uma visão clara e abrangente do que precisa ser feito para ajudar sua organização a sair da situação atual.

Se você seguir os passos aqui descritos, e obviamente contando com ajuda profissional capacitada em BPM, sua organização finalmente sairá do gerenciamento reativo e funcional que hoje ainda é a realidade vigente no mercado, e começará a vivenciar os benefícios do Gerenciamento de Processos de Negócio (interfuncionais) alinhados e orientados na direção da realização dos objetivos estratégicos.

Antes de encerrar este bloco dos primeiros passos, preciso responder a uma pergunta que também ouço com muita frequência.

A pergunta é:

- Por quanto tempo podemos ficar sem "fazer" BPM em nossa organização?

A resposta é igualmente rápida e simples.

Eu sempre digo:

- Até quando o Cliente permitir!

Quando os seus produtos e serviços deixarem de agradar, ou não tiverem a mesma atratividade, eficiência e eficácia para os seus Clientes, talvez seja esse o momento do ponto de inflexão para sua organização. Neste ponto de inflexão, estar ou não buscando o Gerenciamento de Processos de Negócio, e conhecer o progresso da organização na jornada, fará toda a diferença entre o sucesso e a mera sobrevivência.

Capítulo

4

Tendências

Os próximos passos

Muito bem. Chegamos ao quarto e penúltimo capítulo deste despretensioso livro. Quanta coisa nós vimos até aqui.

No primeiro capítulo – Estórias sobre a gestão – falamos sobre como chegamos até este ponto nas organizações e na sociedade em geral. Falamos dos seres "Mutantes" que nos tornamos ao adentrar nas organizações. Vimos o remédio genérico para o problema das centrais de atendimento com o Redimensionamento Já. Falei também sobre a Polícia, o Ministério da Saúde e contei sobre uma talvez utópica, mas interessante proposta de Bolsa Saúde para a população.

No segundo capítulo – A nova caixa de ferramenta – apresentei sucintamente as três ondas evolutivas de melhoria de gestão nos últimos 40 anos, e a sua ligação com o BPM. Destaquei também a importância de conhecer e utilizar *Lean* e 6 Sigma.

No terceiro capítulo – Primeiros passos – trouxe para o livro uma visão simplificada e alinhada ao ciclo de vida de BPM, contendo os dez primeiros passos evolutivos para as organizações saírem da situação atual, que vai desde a completa ignorância de seus processos de negócio, até o alcance de uma visão geral e integrada da cadeia de valor com seus "processos componentes", culminando na etapa de implantação humana e tecnológica de suas melhorias. Está na hora de falar sobre o que temos de tendências.

Para isso, separei dois assuntos que tenho muito interesse e são grandes representantes das possíveis tendências mundiais que encontraremos nos próximos anos.

A primeira tendência é conhecida, internacionalmente, como *Outside-in*. Numa tradução livre seria algo como "De Fora para Dentro", mas o termo mais utilizado é mesmo o "Foco Do Cliente". Desde 2008 eu estudo e pratico boa parte das premissas e técnicas de Outside-in e Orientação a Clientes, e em 2010 comecei a ministrar um breve treinamento sobre o tema. O conteúdo de *Outside-in* deste livro é oriundo deste treinamento. *Outside-in* já é uma realidade em algumas organizações fora e dentro do país, inclusive possuindo alguns bons livros sobre o tema. Citarei alguns na referência bibliográfica.

A segunda tendência é o *"Green BPM"*, ou "BPM Verde". O verde nessa tendência não se refere a cor dos diagramas ou das pessoas, mas trata do impacto ambiental que as organizações têm em nosso meio ambiente e na sociedade como um todo. *Green BPM* ainda não possui literatura reconhecida no mercado internacional. No momento que escrevo esta introdução, o primeiro livro sobre o assunto ainda está para ser lançado na Amazon.com. O que vou apresentar sobre esta tendência não está baseado em livro, mas sim em reflexões e considerações comungadas com outros profissionais e estudiosos do tema.

Foco do Cliente

Outside-in

Você se lembra de tudo o que apresentei até aqui?

Ok. Talvez não lembre exatamente de tudo, mas ao menos ficou com a sensação de que tentei dar muita importância ao Cliente?

Você deve ter reparado que toda vez que a palavra Cliente aparece, ela é grafada com "C" maiúsculo... Espero que tenha percebido.

Bom, isso tem um motivo. Escrever Cliente dessa forma é para criar a sensação de importância deste elemento para BPM. Fazendo uma analogia rápida, para Outside-in, CLIENTE seria escrito assim - todo com letras maiúsculas.

Sendo assim, vamos começar a contextualizar as diferenças mais importantes entre Cliente e CLIENTE, ou seja, entre Foco NO Cliente e o Foco DO Cliente (*Outside-in*).

Lembrando que, este não é um livro sobre Foco DO Cliente – Outside-in, mas Eu não poderia falar sobre BPM sem cobrir ao menos a essência do assunto. Acho que num futuro breve devo escrever uma obra específica sobre Outside-in.

Contextualizando

O Gerenciamento de Processos de Negócio é uma disciplina de gestão que estabelece os conhecimentos e formas necessárias para promover a melhoria contínua e a gestão efetiva dos processos de negócios de organizações de qualquer porte ou tipo. BPM evidencia a todo o momento a importância de processos de negócio alinhados

189

e na direção da entrega de valor para os Clientes. Com o ciclo de vida de BPM somos orientados a buscar o alinhamento estratégico antes de analisar e propor melhorias aos processos.

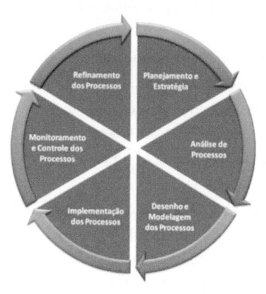

Figura 21 - Ciclo de Vida de BPM

No capítulo anterior nós vimos os dez primeiros passos para promover iniciativas de gerenciamento de processos em organizações ainda não estruturadas por processos.

Ou seja, no capítulo anterior nosso foco estava em ajudar uma organização a sair do completo e negado desconhecimento de processos, e uma vez tendo entendido e descoberto seus processos, o APAR deve ser realizado para promover a verdadeira compreensão da cadeia de valor da organização.

190

Esta abordagem é bastante poderosa e sua realização gera grande avanço para as organizações, porém, trata-se de uma abordagem *Inside-out* - de dentro para fora. Seu objetivo é descobrir como as coisas acontecem para então, reduzir erros e custos, melhorar o desempenho e entregar produtos e serviços conforme a expectativa dos Clientes.

Considerando a maturidade da maior parte das organizações nacionais, posso dizer que investir nesta abordagem já seria uma conquista sensacional e muito relevante para todos nós.

Imagine um hospital. Realizando uma iniciativa de BPM com Foco NO Cliente, teríamos grandes ganhos na compreensão e execução de seus processos interfuncionais, entendendo e cuidando efetivamente das atividades relacionadas à Medicina, Finanças, Hotelaria (leitos) e até mesmo a integração com os Operadores de Saúde (Planos de Saúde), mas os ganhos seriam limitados pela visão e preocupação interna da própria organização.

Processos *Inside-Out*

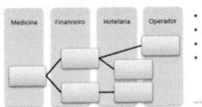

- Foco em *fazer as coisas certas*
- *Redução de erros*
- *Melhoria de Eficiência, Eficácia*
- *Controle de Custos*

... *Perda de oportunidades externas*

Figura 22 - Visão *Inside-Out*

191

Agora imagine o mesmo hospital, mas vamos mudar o foco da iniciativa de BPM. Agora nós vamos usar o Foco DO Cliente. É fácil, basta você lembrar como acontece na vida real. Você perceberá que o processo começa muito antes de você chegar ao Hospital, e mais ainda, continua quando você vai embora.

Para ilustrar a mudança, veja a próxima figura. Nela, você verá que o Cliente (no caso, o paciente) começa o processo pesquisando médicos ou especialidades do Hospital. Segue com seu carro ou outro transporte qualquer até o local. Faz seu *Check-in* para ter atendimento e aguarda ser atendido. Imaginando que seu problema não era grave, talvez apenas uma famigerada "virose" que os médicos tanto diagnosticam, o Cliente busca o medicamento na farmácia e segue para sua casa. Lá, ainda enfermo, o Cliente precisa seguir o tratamento para que – finalmente – quando estiver melhor, o processo se encerre!

Percebeu a diferença?

Normalmente, o Hospital se preocupa com o processo do paciente (Cliente) somente quando ele entra no hospital e o considera encerrado quando o paciente vai embora.
Para nós, os Clientes, entrar e sair do hospital é parte do processo, mas não todo ele. Essa é a grande diferença prática.

Ou seja, um processo pensado e definido com o Foco DO Cliente – de fora para dentro da organização (*Outside-in*), é muito maior e mais abrangente, afinal de contas, um processo *Outside-in* é um trecho da nossa vida cotidiana, não apenas um trecho da operação interna das organizações.

Muitos gostam de dizer que para conhecer o Foco DO Cliente é só se colocar em seu lugar. Tenho alguns colegas que dizem:

- Quer saber o que é Foco Do Cliente?
- Vá para o fim da fila!

Confesso que é uma frase impactante, mas preciso dizer que *Outside-in* não se resume a isso. Se colocar no lugar do Cliente é apenas um dos passos.

Para concluir essa breve explanação sobre Foco DO Cliente, gostaria de trazer alguns dos princípios dessa filosofia de análise e mudança de perspectivas.

Processos Outside-In

Pesquisar por Médicos — Seguir para o Hospital — Registrar Atendimento — SER ATENDIDO — Buscar Medicamento — Retornar para Casa — Seguir o Tratamento

O Processo do Cliente Começa aqui

e continua....

Princípios de Outside-in | Foco DO Cliente

- Uma organização existe para prover Serviços ou Produtos para seus Clientes;

- Tudo o que é feito em uma organização deve contribuir para a entrega dos melhores resultados para os Clientes;

- Tudo que não contribuir para a entrega dos melhores resultados é considerado desperdício e deve ser eliminado.

Se você fizer uma breve pesquisa encontrará diversos nomes e derivações para *Outside-In*, tais como *Outside-In Business*, *Outside-In Process*, *Outside-In Thinking*, *Outside-In Mapping* ou *Outside-In Modeling*. Uma coisa todas essas representações tem em comum. Todas tratam essencialmente de um mesmo tema:

As melhores formas de se Definir, Realizar e Gerir os negócios, serviços e os processos das organizações conforme as experiências de relacionamento com os seus Clientes.

Para *Outside-in* a experiência do Cliente é formada pela soma de suas interações com a empresa, incluindo seu relacionamento com os produtos e serviços. A melhor experiência do Cliente é resultante de sua interação com os SCOs - *Successful Customer Outcomes*, ou Resultados de Sucesso (Produtos ou Serviços) para os Clientes.

194

Figura 23 - SCO e Elementos de Mudança

Os SCOs evidenciam a capacidade da organização em definir e realizar suas estratégias, alinhar e melhorar seus processos, utilizar seus sistemas para o negócio, e obviamente, orientar, estimular e capacitar pessoas.

Para criar os SCOs a organização precisa responder questões elementares e obrigatórias, sendo as principais:

195

- Quem é o meu Cliente?
- Qual é a expectativa do meu Cliente?
- Em quais processos meu o Cliente é envolvido?
- Como o nosso trabalho afeta o sucesso do Cliente?
- O que o Cliente realmente quer de nós?

A entrega dos SCOs é a maior prioridade da organização com Foco DO Cliente, mas não se engane. O objetivo de entregar SCOs não é "encantar" Clientes. Os SCOs são pensados para monetizar todas as interações entre Cliente e organização. Por serem produtos e serviços de grande qualidade, consequentemente melhoram o dia a dia das pessoas e da sociedade como um todo, mas sua concepção não nasce de uma preocupação filantrópica.

No livro que escreverei sobre *Outside-in* seguirei o mesmo estilo de diálogo utilizado nesse e no Guia para Formação de Analistas de Processos. No livro de *Outside-in,* veremos em detalhes os conceitos, técnicas, principais atividades e a nova forma de diagramação de processos com BPMN para retratar o Foco DO Cliente, bem como sua execução prática.

Para encerrar este bloco sobre a tendência de Foco DO Cliente, quero deixar aqui uma evidência bastante clara de que falar deste foco não é nada novo. Muito pelo contrário, temos evidências dessa tendência com mais de 50 anos de existência.

196

Agora nos faltam apenas o conhecimento e a coragem necessária para começar a mudar nosso foco. É hora de querer o "Foco DO Cliente" em todas as organizações, produtos e serviços.

"Se quisermos saber o que é um negócio, precisamos começar com o seu propósito... Só existe uma única definição válida para o propósito de um negócio: Criar Clientes!"

Peter Drucker
The Practice of Management – 1954

"Uma indústria é um processo de satisfação de Clientes, não um processo de produção de bens de consumo."

"Uma indústria deveria começar com Clientes e as suas necessidades e então evoluir para a definição de produtos para aqueles Clientes."

Theodore Levitt
Marketing Myopia - 1960

Green BPM

Obsolescências

Você já percebeu que o seu novo aparelho de TV não dura mais tanto tempo como durava antes?

Pode me chamar de velho saudosista, mas Eu lembro bem de ter tido um (1) aparelho de televisão durante toda a minha infância e pré-adolescência. Isso mesmo. Somente um aparelho durante quase 15 anos. Para os mais novos isso pode parecer exagero, pobreza ou mentira, mas era assim que a indústria de eletrônicos funcionava na época. Se você levar em conta que este aparelho, era o único aparelho de TV para toda a família, você vai perceber que ele foi muito utilizado todos os dias – por horas e horas a fio. A grande diferença estava na qualidade dos seus componentes, e mais que isso; a diferença estava na intenção do fabricante.

Nessa época existia até um costume de segurar os aparelhos e tentar levantá-los. Qualquer produto que fosse "muito leve" era olhado meio atravessado, pois não transmitia a mesma confiança de um bom televisor pesando 25 kg!

Hoje uma TV de LED pesa menos de 5kg... E dura menos de 5 anos. Talvez essa seja a conta. Para cada quilograma retirado do aparelho, um ano de uso vai junto.

Não que eu sinta falta da péssima imagem e do peso do aparelho, mas esse é um exemplo bastante claro de algo conhecido como Obsolescência Programada.

Veremos mais adiante como isso se relaciona com BPM.

E o seu aparelho de celular, que estará "super ultrapassado" em menos de um ano?

Foi o tempo em que aparelho de telefone era um produto feito para fazer ligações telefônicas. Eu me lembro dessa época... Ainda que vagamente.

Na década de 90, a telefonia celular se estabeleceu definitivamente na classe média brasileira e com ela veio a corrida dos fabricantes de aparelhos para nos oferecer cada vez mais e mais funcionalidades que nunca utilizaremos, e algumas, nem mesmo jamais compreenderemos.

Lembro-me de uma passagem bastante engraçada, quando meu pai me mostrou seu aparelho de celular e como ele armazenava os números de telefone mais importantes. Ele cuidadosamente "salvava" os telefones em um bem colado "Post-it" na parte traseira do aparelho... É verdade!

Bom, isso foi há muito tempo. Tenho certeza de que hoje ele já teria domado a tecnologia necessária.

Mas e você, já sabe para que serve cada um dos aplicativos existentes em seu "*Smartphone*" (telefones espertos – inteligentes)?

Sim. Hoje todos nós temos um *Smartphone*. Talvez seja na tentativa de nos tornar um pouco mais espertos – inteligentes.

202

Uma coisa nós sabemos, daqui a mais ou menos 12 meses, o seu aparelho lhe parecerá uma peça de museu e você estará louco para adquirir a nova versão *Plus Advanced,* com câmera de dezenas de megapixels para fotos e filmes em alta definição, conexão de alta velocidade com redes sociais e jogos em 3D.

Esta corrida louca, que torna o que hoje nos parece fantástico, em algo vergonhoso e obsoleto em pouquíssimo tempo, chama-se Obsolescência Percebida.

Estaria tudo bem se a seguinte pergunta tivesse como resposta um sistema completo e bem estruturado para sua realização:

- Onde estes produtos vão parar?

No lixo. Esta é a resposta. Mas, onde fica esse lixo?
O que fazemos com os componentes desses produtos?
Quem está cuidando disso?

Acho que agora você já está percebendo onde *"Green BPM"* pretende atuar.

Existe um projeto na Califórnia – EUA, chamado *"The Story of Stuff"* (A história das coisas). Este projeto capitaneado por Annie Leonard começou com a criação e divulgação de um vídeo de 20

203

minutos com uma ótima narrativa e um desenho animado mostrando processos produtivos, processos de consumo e processos de descarte de produtos. E mais ainda, esse vídeo evidencia as lacunas entre estes processos, a pressão descabida do mercado, e finalmente, o impacto que esse consumo desmedido causa em todo o planeta.

Fica aqui a dica. Conheça o projeto e os vídeos. Divulgue.

Seu conteúdo é gratuito e com licença do tipo "*Creative Commons*", onde a exibição e uso do conteúdo para ações sem fins lucrativos são totalmente liberados e incentivados.

Até este momento, mais de 15 milhões de pessoas já assistiram "*The Story of Stuff*", e seu endereço na rede é http://www.storyofstuff.org.

Falei deste projeto até agora, pois acredito que este seja a mais estruturada e aproximada representação do que "*Green BPM*" pode propor como mudança em nossa sociedade.

Nota do autor

Não tenho qualquer tipo de vínculo com o projeto, a não ser a simpatia pela abordagem, sua criatividade e por acreditar nos mesmos princípios.

Voltando ao "*Green BPM*", posso dizer que esta tendência é um caminho sem volta. Afinal de contas, continuar no mesmo caminho que estamos atualmente já está mais que divulgado e apontado como um caminho em direção à deterioração ambiental e social. O planeta

204

já está pagando os altos encargos do enriquecimento inconsequente que as obsolescências programadas e percebidas nos cobram.

Assim como todas as outras iniciativas de maior consciência ambiental e de resgate da responsabilidade sobre o que produzimos, consumimos e descartamos, *"Green BPM"* é um tema que está começando a se estruturar internacionalmente e muito em breve devemos ter casos de sucesso, boas práticas e outros conhecimentos práticos e teóricos para compartilhar.

Nesse momento, e para o objetivo deste livro, fica registrada aqui a importância evolutiva que estamos presenciando. Cada vez mais será imperativo pensar no impacto ambiental e social que nossos produtos e serviços causam. Realizar melhoria e gestão de processos "conscientes" dessa importância é algo maior que uma tendência, é algo que precisa ser considerado como uma responsabilidade individual de cada colaborador.

As organizações se comportarão conforme nós – profissionais que as compõem – decidirmos e realizarmos. Só nos basta aceitar que isso é preciso e é igualmente possível. Só nos falta deixar de dizer que a *"a empresa só quer lucro"*, *"não adianta falar sobre isso"* ou qualquer outra baboseira conformista dessas.

Sem querer soar como um pueril e mal escrito livro de autoajuda, mas correndo o risco de já o parecer, preciso dizer aqui o que penso e acredito que poderá nos ajudar na mudança.

Por favor, pare o mais rápido possível de acreditar que não iremos mudar e que isso tudo é utopia.

Troque o discurso. Abra a mente e o coração para permitir a mudança entrar. Participe. Envolva-se.

Ou você acha que isso tudo é besteira?

-x-

BPM surgiu com o Foco NO Cliente, e nos últimos cinco anos vêm evoluindo para alcançar e promover o Foco DO Cliente.

Outside-in surgiu para extrapolar as paredes organizacionais e expor os processos na forma como nós, Clientes, os vivenciamos.

Green BPM surge do instinto de sobrevivência e perpetuação da espécie que todos nós temos. Afinal, somos Clientes e seres humanos que habitam o planeta terra, e se quisermos continuar assim, precisamos mudar esse cenário de desperdício descontrolado.

Capítulo

5

Perguntas e Respostas

Parabéns!

Você percorreu todo o caminho proposto para incrementar o seu conhecimento em BPM... Não seguiu os capítulos do livro?

Não tem problema, a seguir você encontrará respostas para as dúvidas mais comuns, e que ao mesmo tempo, são as dúvidas que aparentemente mais carecem de respostas.

Se desejar, pense neste capítulo como um Guia de Referência Rápida.

Esta é a lista com as vinte perguntas mais votadas na página do BPM Books (www.facebook.com/BPMBooks):

1. O que é BPM?
2. Para que serve BPM?
3. Quais os principais benefícios que BPM traz para as organizações?
4. Que impactos BPM causa nas organizações?
5. Quem precisa entender sobre BPM?
6. Qual a importância de BPM para a administração atual?
7. Quais áreas de uma organização podem ter BPM?
8. Como justificar os investimentos necessários para implantação de BPM?
9. Como gerenciar as mudanças que BPM causa nas organizações?
10. Como evitar a armadilha de iniciativas de melhorias simultâneas e desconexas?

11. Existe benefício na Análise de Processos mesmo sem alinhamento estratégico?

12. Podemos criar indicadores de desempenho para macroprocessos e processos?

13. Qual a melhor abordagem para identificar processos: Top Down ou Bottom up?

14. Existe "local" ideal para o escritório de processos na estrutura das organizações?

15. O que é automação de processos?

16. O que é BPMS?

17. Qual a melhor forma de escolher um BPMS para a organização?

18. O que é BPMN?

19. O que é Foco No Cliente, Foco Do Cliente e quais as diferenças práticas?

20. Como mudar para Foco DO Cliente e quais os ganhos previstos?

1. O que é BPM?

Acredito que está suficientemente respondido no capítulo 2.
Vide todo o capítulo ou vá direto para a página 121.

2. Para que serve BPM?

Para que serve a mudança de mentalidade?

Para que serve a inovação?

Para que serve o controle?

Para que serve a informação com qualidade?

Para que serve a liberdade?

Para que serve a agilidade na tomada da decisão?

Para que serve não aceitar lixo como produto final das organizações?

Se você responder estas perguntas com cuidado, você terá a resposta definitiva de para que serve o BPM.

Não pense em BPM como um profissional de qualidade, de processos, como auditor, ou como qualquer outra profissão. Pense em BPM como um Cliente.

BPM não surgiu para criar uma nova profissão. BPM surgiu para mudar a nossa vida. Para melhorar a vida dos Clientes. Porém, apesar de ser tão abrangente, BPM também serve para trazer inovação, controle, qualidade na informação dentro das

211

organizações, liberdade para pensar – ao invés de ficar correndo atrás de atividades dos processos, maior agilidade na tomada de decisão. BPM serve para reduzir desperdício e a quantidade de lixo produzido por todas as organizações. Tanto o lixo físico, quanto o lixo digital.

3. Quais os principais benefícios que BPM traz para as organizações?

Poderia responder essa pergunta seguindo o que foi dito nas páginas 129, 130 e 131, mas vamos ver outros pontos.

A Tríplice Coroa é caracterizada por:

- Melhoria de Serviço
- Redução de Custo
- Maior Lucro

BPM busca alcançar ao menos esses três elementos, mas não encerra por aí.

Conforme tentei evidenciar ao longo do livro, podemos entender que um dos maiores benefícios para as organizações é a qualidade da informação para a tomada de decisão. Com BPM a decisão estratégica é - finalmente - embasada na capacidade REAL dos processos e o seu alinhamento com os objetivos do negócio, e não mais apoiada em suposições funcionais e percepções múltiplas e desconectadas do todo.

Com qualidade e confiança na informação disponível, a decisão mais acertada para o cenário do negócio é uma questão bem mais simples de se resolver.

4. Que impactos BPM causa nas organizações?

O primeiro e mais benéfico impacto que BPM pode causar em qualquer organização é:

Autoconhecimento

A partir do conhecimento da situação atual dos seus processos, ou seja, a partir do conhecimento detalhado de como e por que as coisas estão acontecendo do jeito que a organização está percebendo, o caminho da melhoria é uma opção viável.

Num mundo cada vez mais ágil, mas que ao mesmo tempo promove uma enxurrada de informações inconsistentes e desconectadas, promover esta sinapse organizacional é um dos impactos mais benéficos.

Uma vez atingido esse nível de autoconhecimento, estabelecer metas e buscar o seu alcance deixa de ser um jogo de azar.

5. Quem precisa entender sobre BPM?

Espero que tenha ficado bastante evidente ao longo do livro, mas caso ainda reste alguma dúvida, respondo sem medo de errar:

- Todos!

Inclusive a minha mãe, meu filho, minha esposa...

BPM é um habilitador de mudanças. BPM está muito atrelado à responsabilidade social, ambiental e organizacional.

Quem conhece e pratica BPM não permite que uma série de anomalias continue existindo. O resultado dessa prática é benéfico para todos nós.

BPM não é uma religião, e por isso não poderia estar pregando aqui. Mas a filosofia que hoje está enraizada em seus princípios talvez seja a maior diferença entre todas as outras ondas e tentativas de mudança e melhoria organizacional.

BPM extrapolou os muros das "empresas". Sua filosofia de responsabilidade compartilhada precisa se tornar parte do nosso dia a dia.

BPM provoca uma terapia organizacional, tamanha a mudança que pode promover quando efetivamente empregado.

6. Qual a importância de BPM para a administração atual?

Respondido nas questões 4, 5 e 7.

7. Quais áreas de uma organização podem ter BPM?

Quando falamos de áreas de uma organização, estamos falando de uma organização que ainda não pratica BPM. Não totalmente.

Uma das grandes mudanças práticas que BPM traz para a administração é o desacoplamento funcional. Ou seja, a organização conhece e cuida de processos, e não mais das funções e áreas que existem no tradicional e piramidal organograma.

Portanto, todas as áreas são alvo de BPM.

BPM promoverá a visão e gestão interfuncional em nome de seus processos de negócio (Primários, de Suporte e Gestão).

O maior erro está em "fazer" BPM isoladamente. Cada área funcional cuida de seu "BPM". Isso não está certo e gera péssimos resultados.

Infelizmente, ainda acontece muito em nosso país.

8. Como justificar os investimentos necessários para implantação de BPM?

Acredito que ao ler a resposta das perguntas anteriores já esteja um pouco mais fácil falar e pensar em retorno de investimento para BPM, porém, não quero e nem devo incorrer em fórmulas de cálculo de retorno, algo parecido com o que 6 Sigma possui, onde para cada um dólar investido em ações 6 Sigma, sete dólares são esperados de retorno. Bem, além de BPM não ter essa calculadora, acredito que seu maior retorno ainda esteja distante das cifras.

Entendo a "pegadinha" que existe nessa questão, mas acho que ao ler este livro não será mais tão difícil justificar os investimentos, afinal de contas, estamos falando de investimentos em:

- Melhoria da vida do cidadão (nós mesmos)
- Redução de erros e desperdício
- Melhoria do relacionamento com os Clientes
- Melhoria de Serviços e Produtos
- Valorização e melhor uso de Recursos

Apenas para citar alguns benefícios.

É importante que o profissional de processos pare com a mania adquirida de tornar tudo em esforço de levantamento e documentação infinita. As organizações não enxergam valor nisso.

É preciso mostrar qual o produto que será entregue quando "rodarmos" o ciclo de BPM (veja a lista acima).

216

9. Como gerenciar as mudanças que BPM causa nas organizações?

Respondendo de forma bastante direta:

A organização precisa de uma estrutura formal capacitada e mantenedora das práticas da disciplina.

Essa estrutura é conhecida como Escritório de Processos, mas possui outros nomes dependendo da cultura da organização onde está inserido. O importante é que esta estrutura cuide da metodologia, das atividades práticas do ciclo de vida, da forma como os processos são mantidos e atualizados. O escritório deve apoiar os Donos e Gestores de Processos.

Definir um Escritório de Processos não é uma atividade trivial, e muito menos, um tema que possa ser devidamente explicado em poucas páginas. Portanto, fica a dica. Procure literatura específica sobre o tema.

10. Como evitar a armadilha de iniciativas de melhorias simultâneas e desconexas?

Esse é um grande risco. Iniciativas de melhoria de processos que acontecem simultaneamente e sem conexão entre os processos, muito provavelmente estão desrespeitando os princípios de BPM e não seguiram nem mesmo os 10 passos aqui apresentados.

Fica a dica. Leia o capítulo 3.

217

11. Existe benefício na Análise de Processos mesmo sem alinhamento estratégico?

Sim. Porém, o benefício será reduzido.

O principal benefício da análise de processos é produzir evidencias importantes sobre o comportamento dos processos atuais (*As Is*). Se não houver um realinhamento estratégico decorrente do alcance destas preciosas informações, a organização perde uma importante oportunidade de utilizar informação de qualidade na confecção de metas e objetivos do negócio. Sem isso, a real capacidade de realização da organização não está sendo considerada. Somente a intuição e percepção histórica das lideranças.

O capítulo 3 é o capítulo que busca evidenciar tamanha importância.

Análise sem informação estratégica produz informação sem vínculo estratégico.

Análise que não entrega informação para a camada estratégica permite decisão estratégica sem vínculo com a capacidade real dos processos.

BPM Para Todos

12. Podemos criar indicadores de desempenho para macroprocessos e processos?

Os indicadores de desempenho podem ser distribuídos e granulares conforme os pontos de medição.

Ou seja, se estamos medindo desempenho operacional de processo, podemos criar e aplicar indicadores para tal. Se estamos acompanhando o comportamento de processos de negócio inteiros, provavelmente teremos indicadores de desempenho que são resultantes da composição de indicadores de processos e subprocessos.

O segredo está em não cair na armadilha de somente criar indicadores de tempo e custo. Indicadores de macro processos indicam direção e comportamento geral, mas não servem para ficar monitorando desempenho operacional por atividades de processos.

13. Qual a melhor abordagem para identificar processos: Top Down ou Bottom up?

Depende.

Depende de vários fatores, tais como origem da iniciativa, pois se estiver começando em uma camada mais operacional, teremos acesso muito detalhado sobre como as coisas acontecem. Esse é um grande risco de se cair na paralisia por análise.

Por outro lado, começando a iniciativa por uma camada mais estratégica ou gerencial, teremos pouco detalhamento inicial, mas

219
www.GartCapote.com

uma grande abstração operacional. O risco aqui está em considerar que a visão abstrata é suficiente, e assim não descobrir a causa origem de muitos problemas.

Portanto, a melhor abordagem está diretamente relacionada a alguns fatores, tais como experiência da equipe, metodologia utilizada, conhecimento de técnicas para refinamento sucessivo de processos, saber realizar o APAR e transitar com segurança entre o operacional e o gerencial.

Fica a dica de leitura do "Guia para Formação de Analistas de Processos". Nele você encontrará um bom conteúdo sobre a questão.

14. Existe "local" ideal para o escritório de processos na estrutura das organizações?

O local ideal para um escritório de processos não é uma questão posicional no organograma, mas sim de responsabilidade e apoio e capacidade.

Normalmente, encontramos os escritórios nas camadas gerenciais, nos mesmos níveis que a gestão funcional e prestando contas diretamente para a camada da direção.

O local ideal é "onde a gestão organizacional apoia e valoriza o trabalho realizado – onde não considera apenas uma criação de documentos e engessamento operacional".

Encontrar este local nas organizações é tão simples quanto encontrar patrocínio para a adoção de práticas inovadoras.

15. O que é automação de processos?

Automação de processos, seguindo a sua etimologia, precisa ser entendida como uma forma tecnológica para eliminação do trabalho humano em atividades envolvendo sistemas mecânicos, eletrônicos e diretamente relacionados à operação e controle de produção de produtos.

Já a automatização, pode ser considerada uma forma elaborada para reduzir a necessidade de ação humana em trabalhos além dos processos produtivos, envolvendo e incluindo atividades funcionais relacionadas à administração das organizações, tais como marketing, vendas, finanças etc.

Sendo assim, automação de processos está mais ligada aos processos produtivos físicos.

Automatização de processos é mais utilizada em processos produtivos lógicos e administrativos das organizações.

Uma fábrica além de fazer a automação de seus processos de produção de produtos, pode igualmente, promover a automatização de suas atividades e processos administrativos.

16. O que é BPMS?

Vide página 125.

17. Qual a melhor forma de escolher um BPMS para a organização?

Para escolher e comprar uma roupa para alguém precisamos antes saber quais são suas medidas. Caso contrário, por melhor que seja a roupa, talvez não tenha utilidade e ficará guardada no armário. Da mesma forma precisamos encarar a compra de soluções de BPMS.

Antes de pensar em adquirir qualquer produto – por melhor que ele seja, precisamos antes buscar um conhecimento mínimo sobre a organização e suas metas (vide capítulo 3).

Alguns itens mínimos devem ser obrigatórios durante a avaliação do produto:

1- Capacidade de integração e reutilização de tecnologias.

2- Capacidade de execução de atividades de processos.

3- Uso de notação padrão (Hoje BPMN).

4- Conhecer algum caso de sucesso na sua implantação que seja próximo da realidade da organização.

5- Existência de repositório de regras de negócio

6- Uso de portal de atividades

7- Capacidade de monitoramento de atividades do processo

8- Facilidade de simulação de cenários de processos

18. O que é BPMN?

Vide página 127.

19. O que é Foco No Cliente, Foco Do Cliente e quais as diferenças práticas?

Vide página 187.

20. Como mudar para Foco DO Cliente e quais os ganhos previstos?

Vide página 187.

Referências

1. ABPMP - BPM CBOK™ v2.0 - *"Business Process Management Common Body of Knowledge"*, 2009.

2. Capote, Gart - "*Guia para Formação de Analistas de Processos*", 2011.

3. Bund, Barbara E. - *"The Outside-In Corporation"*, 2006.

4. Towers, Steve - "*Outside-in*", 2010.

5. Moorman, Day - "*Strategy from the Outside-in*", 2009.

6. Fingar, Peter e Smith, Howard - *"Business Process Management – The Third Wave"*, 2002

7. OMG - *"Business Process Modeling Notation"*, 2012.

8. Hammer, M. e Champy, J. A. - *"Reengineering the Corporation"*, 1993.

9. Drucker, Peter - *"The Practice of Management"*, 1954.

10. Levitt, Theodore - *"Marketing Myopia"*, 1960.

www.GartCapote.com